U0882430

# 重塑组织

## 插画精简版

# REINVENTING ORGANIZATIONS

AN ILLUSTRATED INVITATION TO JOIN
THE CONVERSATION ON NEXT-STAGE ORGANIZATIONS

一份图文并茂的邀请函
诚邀您加入人类意识新阶段的组织形态探讨

[比] 弗雷德里克·莱卢 著
(Frederic Laloux)

[法] 艾蒂安·阿佩特 绘
(Etienne Appert)

陈颖坚 薛 阳 译

人民东方出版传媒
People's Oriental Publishing & Media
東方出版社
The Oriental Press

# 对于《重塑组织》的赞誉

这是一本既刺激又令人鼓舞的著作！

罗伯特·凯根（Robert Kegan）

哈佛大学成人学习米汉教席教授，著有 *In Over Our Heads*

这本书包含了建立一个新范式组织所需要知道的一切内容！

理查德·巴雷特（Richard Barrett）

巴雷特价值观中心主席兼创始人

一部不同凡响的著作。

肯·威尔伯（Ken Wilber）

著有 *A Brief History of Everything*

开拓者！规则创新者！才华横溢！

詹妮·韦德（Jenny Wade）博士，著有 *Changes of Mind*

弗雷德里克·莱卢为所有的商界和专业人士指引了方向。

比尔·托伯特（Bill Torbert），著有 *Action Inquiry*

这是我读过的最重要的、最令人鼓舞的商业书籍。

托尼·施瓦茨（Tony Schwartz）

著有 *The Way We're Working Isn't Working*

像《重塑组织》这样的书，十年才得一遇。

诺曼·沃尔夫（Norman Wolfe）

著有 *The Living Organization*

只有少数的管理界领袖在探索未来，而弗雷德里克·莱卢就是其中的一位。这本书的确与众不同。

比尔·德雷顿（Bill Drayton）

Ashoka: Innovators for the Public 的创始人

# 目 录

# 中文版序

管理，就如同黑白电视机一样过时，这都是众所周知的事了。它仍旧可用，但我们一直都在渴望能够看到更加丰富的色彩、更加鲜活的生命力。

在如今的组织中，太多处于金字塔底层的第一线工作者感到越发的无能为力，觉得自己没有得到应有的重视甚至尊重。这群人其实具有远超那些身处要位的管理者们所能想象的天赋、能量与活力。与此同时，领导者们自己的现状也好不到哪里去，当然了，他们有着很多成果，但往往都是孤独的。权力的斗争毒害着组织中的人际关系，那些身处高位的人有谁会觉得可以做到真正的自己？又有谁能在这样的工作环境中拥有真正良好的人际关系和友谊呢？

去年（2018 年）11 月，我应邀来到上海参加了中国第二届组织进化年会，并分享了进化型组织——青色组织的话题。我被一些中国公司已经很快开始采用和实践了这种新的管理模式所震慑到了。与西方世界相比，中国的变化之快、人们的理念之前瞻和开放真令我惊叹！这让我满怀希望，中国企业正在积极深刻地来重塑自己。随着时间的流逝，这些前沿的思想也会自然而然地对如今仍是常态的、过时的管理模式提出质疑和挑战。

我希望您能愉悦地阅读这本《重塑组织：插画精简版》。这本是用于快速阅读的，但我建议您偶尔稍作停顿，以便真正理解本书想要传递的信息并探寻它背后所包含的意义。我在这里分享的，并不是任何具体的管理工具和方法论或其集合，而是对人类的潜能与其感觉完满的方式的一种更加深刻的探索。

# 译者序一

## 松绑的意义远大于答案是什么

陈颖坚 (Joey)
资深组织发展工作者
《领导者的意识进化》译者

环顾四周的世界，无论是在经济、政治、环境与科技，或者无论我们想用什么方式来表达，都不难得出两个结论：一是我们的教育体系今天给予孩子的教育真是烂透了；二是我们的企业或者组织中的生活也是烂透了。这几乎是一个放诸四海皆准的事实。

我是在香港长大生活的，这基本上是香港人过去四十多年来——从无间断过——茶余饭后的“怨气时段”必然提到的话题。二十年前的内地一切都在兴建中，一切都是机会，一切皆有可能，就连教育与职场的生活也是充满着好奇，还是比较正面的。但二十年过去了，我也听到内地都已经好像和西方国家（或者香港、台湾等地区）一样的怨声载道。用系统思考的语言来说，一个如此铺天盖地的现象肯定是由底层的集体心智结构引起的。稍加探询一下，便可以了解教育其实与组织的管治模式有密切的因果关系。它们都是源自20世纪工业年代的运作逻辑而设计的。就如我们在埋怨时也听过很多遍：这是一个150年来没有改变过的系统与思想。

埋怨归埋怨，但很多人没想过，为什么一个令人如此纠结的社会制度、生产模式、教育方式能够持续150年以上？这是因为这个模式实在太成功了。就如我所敬仰的未来学家艾文·托佛拉（Alvin

Toffler）在复杂科学泰斗普里戈金的《乱中有序》（*Order Out of Chaos*）一书的序言里这样写道："当代西方文明高度发展到超卓地步的技巧是解剖之法：将问题不断拆分，一直拆到最小的可处理部分。我们太精于此道了，以至我们往往忘记了将这些分拆研究的部分放回到一起。"我在这里借用的不是忘记将碎片放回到一起的部分，无论我是如何喜欢这个说法。我想要借用的是他指出工业年代思想的成功。

我们太精于此道了。它已经深入我们生活的每一个细节。先不说其他人，我就是活生生的例子。我知道应该自己备用一个杯子，不要在咖啡店用它们的杯子制造浪费；我不应该那么多地印刷笔记，但我还是动不动就将文件打印出来；我应该更多骑单车，而不是再用排放废气的交通工具；我应该将所有塑胶制品循环再用，不要弃置，以致最终落在大海成为漂浮废物。但我必须承认在这些方面我做得很糟糕。工业年代的威力，就是成功到一个地步，不是你说要环保就能环保。以德国为例，他们大力投放资源在环保能源上，大量运用太阳能、废核、废煤，再配以大量的民生政策来推动环保。结果发现效益远不如煤、石油与核电，德国前总理下台也跟这个有直接的牵连。这说明工业年代的制度、思想、生活习惯，以至管理的范式，仍然是顽强、有效且方便的。同时，我坚定地相信，无论如何有效，它还是注定要完蛋的。

也是在这个前提下，《重塑组织》的出版确实是寓意深长的。从 20 世纪 90 年代管理学经典《第五项修炼》以降，管理学并不是没有对工业年代的管理方式提出批评与对质。其间也出现过不少经典，但以我有限的知识，《重塑组织》才是坊间第一本写给大众的一种结构性创新的著作。这让我倍感激动，因为我们要经历上二十多年的时间才可以有这样的未来性组织形态的想象。

虽然至今我还是认为这本书不能有力地推翻工业年代的管理方式，但它贵在能给予我们一种轮廓：未来性的组织看上去"可能"会长什么样。幸运的是，《重塑组织》的中文版本，率先在陆维东先生带领下，与他的团队集腋成裘地翻译了出来。从那一刻起，也为国内的组织进化热潮拉开了帷幕。《重塑组织》迅即成为出版界的奇葩，维东与他的团队创造了一个国内管理界的神话。

然而这样的成功，落在一个仍然是很重在琥珀色（甚至还有不少仍然停留在红色阶段）的国内管理方式氛围里，衍生出来的多是被工业年代思维支配着的控制性企业主管，想要一跃而升变成青色组织。但这是不可能发生的。又或一些在橙色的稍有管理规范的组织，它们带着一种寻找答案的心态，希望能够按照一种套路、算法或者步骤来实现青色组织的理想。我可以说这些意图肯定都会落空的，其中的原因是，到现在为止，我还没有看到——哪怕是在国外——已经成熟到可以替代工业年代官僚层级架构的替代品出现。这不得不让我在这里再强调一次：工业年代的架构方式，就如工业年代其他方面一样，仍然是非常“成功”的治理模式，起码我们如何怨声载道也没有动摇其根基；起码我们今天的运作仍然是以它作为蓝图。

既然是这样，那么《重塑组织》对我们中国人该有怎样较为积极的面向呢？我认为现在谈论“如何做”有点言之过早。我认为我们先聚焦在“理念的宣传和推广”上，这样就好了。不要急着弄出一个青色组织来。应该想，更多的同学们若能够上到绿色的多元意识层次已经是很了不起了。或者，用另一个角度来说的话：我从不认为《重塑组织》能够给予我们“如何做”的可靠方法论。重点是我们不该有这样的期待。

但我们还是应该做好迎接青色组织出现的一切准备。当中包括主管在自身的领导意识层次的提升；在沟通中如何放轻自身的“单向控制模式”，更多的包容可以促进“双向学习”的探询与倾听；重新思考企业的使命与价值观是否在回应当代社会中的重大难题，以及使命是不是能够吸引同道中人与你一起打拼等。简单来说，我是一个相信“宁愿模糊的对，也不要精准的错”的人：方向对了，就好了。

也是这个原因，在庆贺维东与东方出版社翻译出版了《重塑组织》中文版的同时，《重塑组织：插画精简版》刚好在国外面世让我兴奋万分之余，感觉到这本书的价值与意义：它可以更好地体现“理念宣传和推广”的伟大任务。作者莱卢的第一本《重塑组织》原著全是文字，有 378 页（中文版是 572 页！），重重的字里行间，相对容易让人产生一种“答案就在其中”的想象。《重塑组织》让人感觉太严肃了。但如果我对于这个世界还处在工业年代的思维习惯的时候，它恰恰最不需要的是这种厚重。

我们的企业与组织，更需要的是“解冻”“松绑”。至于正确的做法是怎样，反而不是一个时候去追寻一个权威式的套路方法。《重塑组织：插图精简版》更轻薄、更多插图、更精简，最重要的是它让人更想读完它。同时，就如我之前的主张，这本书没有附带任何答案，只有个案上的参考。这就够好了，而且是恰到好处。当理念的传播到了一定的温度后，工业年代的思维习惯也同时在化解，套路方法便像自然法则的百花齐放地各领风骚。到那个地步，工业年代的官僚体系再也抵挡不住而必须要崩盘了！

我很感恩这次翻译工作能够与小飞（薛阳小姐）两个人一起将它完成，我非常感谢维东大力支持我参与到这项工作中。维东与小飞，都肯定是当代在所谓的“组织进化”的大潮流中值得被记住的人物。他们两位，已经是连续第二年，于上海一起共创领先全球的中国组织进化年会，我们看到现场坐满了来自全国各地好奇又有心的人力资源的副总裁们、组织中资深的 OD 工作者，以至“冒进”的 CEO 们都被《重塑组织》吸引过来，齐来学习让人向往的青色组织及其实践方法。

最后，我必须在此谢谢东方出版社的申浩（Sunny），她全力支持我与小飞的“自组织管理”的风格，给予了我们很大的自由度来参与到这个翻译项目中。在此想要再次表达对她的感谢。

# 译者序二

## 光亮已照在了我们的身上

薛阳（小飞）
/me 我斜杠（slashme.com）联合创始人
中国组织与个人进化核心推动者

2014 年夏天，我收到一位我非常尊敬的前辈，时任微软全球人才发展副总裁 Chris Yates 先生从芝加哥发来的邮件，邀请我加入一个研究项目。Chris 告诉我"做好准备，这可能会颠覆你对于工作和组织的认知"。我兴奋又急切地回复："我准备好了！"然后我收到了他的回信，内容简单有力：

Reinventing Organizations 重塑组织
Holacracy 合弄制
Go! 开始研究吧！

我的眼睛从此亮了，内心被青色组织点燃了，也因此，我的整个职业生涯在 2014 年彻底转向。那时，《重塑组织》的英文版刚刚上市几个月，这些新的概念还没有任何中文资料。我把能看的相关书籍都看了，搜遍了谷歌和各大网站，内心开始有了一个小小的念头：在中国这片土地上让青色组织慢慢发芽！

五年时间里，我和团队边学习边实践。从拜访博组客听那些激动人心、感动至深的故事，到和晨星公司的自组织专家一起工作；

从参加合弄制的培训认证，到邀请合弄制创造人 Brian Robertson 先生前来中国，共同帮助国内企业真正落地合弄制自组织；从最开始做公开演讲，台下只坐了四五个人，和企业领导介绍青色组织，领导轻蔑地留下一句“这不可能”后中场起身离开，到如今我们已经在国内帮助超过 8000 人，从小到十几人的组织，大到千人的集团企业迈向青色组织。我仍旧不敢相信，这一切真的在中国发生了，有泪有笑有希望。

2018 年年底，在上海举办的中国第二届组织进化年会期间，我们有幸邀请到了本书作者 Frederic Laloux 先生来到中国，在那一周和 Frederic 的共处中，我强烈感受到了一个青色的个体是什么模样：清澈的眼神，有爱的沟通，对人无与伦比的关注。我跟 Frederic 说：“我在翻译您的书时，起初我一直认为这本书是您写给企业的，现在我翻译完了，我有了新的理解，我觉得这本书您是写给今天的这个社会和每个人的，对吗？”

## 自主管理：自主管理的个体和去中心化的组织

我将个人和组织的进化之旅归为四个阶段：自主，自律，自治，自由。很多伙伴在对青色组织产生兴趣的时候，都会跟我说希望到那些真正转型成青色组织的企业去参观拜访。我的回应却总是：“你去了这些企业，也什么都看不到。”这场彻底的对于一个组织权责利颠覆性的变革，却又发生在所有你看不见的地方。这并不像办公室添置的新家具，新来的老板同事面孔，或者新换的文化宣传语可以让你轻易看见。这场组织进化运动却又无处不在，它到底在哪里呢？在每一次的团队会议中，每一次的冲突解决中，每一场高效的表达和倾听中，每一个团队决策的产生中，每一场团队庆祝“失败垮掉”的活动中，每一个协作任务结束后的彼此反馈中……正如一次和合弄制合伙人 Michael De Angelo 先生（他曾负责美国第一个政府机构进入合弄制——美国华盛顿政府信息技术超过百人团队进入自组织）的沟通中，Michael 告诉我，以他们过去十几年的经验来看，这场转型至少需要三到五年的时间。为什么？因为这不仅仅是组织形态的改变，更是组织内每个人认知和意识的一场升级运动，人的改变是最富有意义和价值的，却也是最艰难的，也是最花费时间的。

我经常会被伙伴问到的一个问题是："自组织是不是对人的要求很高？"在大部分橙色组织里，当我们谈到"要求"时，往往脑海里蹦出来的就是能力，例如时下流行的 P 级 = 专业技能（Professional），M 级 = 管理能力（Management）。在这个范畴内，青色组织和橙色组织并无区别。对于任何一个组织而言，无论是初级的行政类工作，还是挑战性的制定公司级战略，都需要掌握不同能力的个体来承担。

然而在青色组织中，这个"要求"是远远不够的。青色组织对每个人的认知和意识发展提出了前所未有的挑战，也给每个人提供了新的成长和进化机遇。**一个真正的青色组织里需要拥有足够数量的青色个体以支撑这个系统健康运转。这些人，有意识不断探索自己的内核和外延，拥有使命并乐于付出心血，拥抱不确定性，认为变化才是常态，能够真正地管理好自己秉持"自律使人自由的信念"，有意愿开放边界连接生态，有看见复杂和把控住复杂的能力，最重要的是，这些人是真正有"生命力和温度的个体"在组织中存在的。**

与此同时，如今的后移动互联网时代，以及 AI 的崛起，企业们都渐渐开始摒弃线性增长而转身投入指数级增长的新商业游戏规则。如果你希望你的商业能够有指数级的增长，那么首先你需要具备一个拥有指数级增长的组织。如果你已经参加大大小小的演讲和会议讨论如何应对 VUCA 时代，那么你需要拥有一个随时能够感知内外部机会风险并敏捷动态即刻响应的组织。在我们所参与的组织转型项目中，通过自组织线上管理平台监测到这些组织平均每天组织架构和治理机制发生 17 次迭代。这也正是 Frederic 在书中提及的，橙色组织的变革是从一种静态转至另一种静态，橙色追求稳定，相信预测控制模式。而青色则相信进化，每天细微且无处不在地敏捷迭代，青色追求变化，相信感知响应模式。

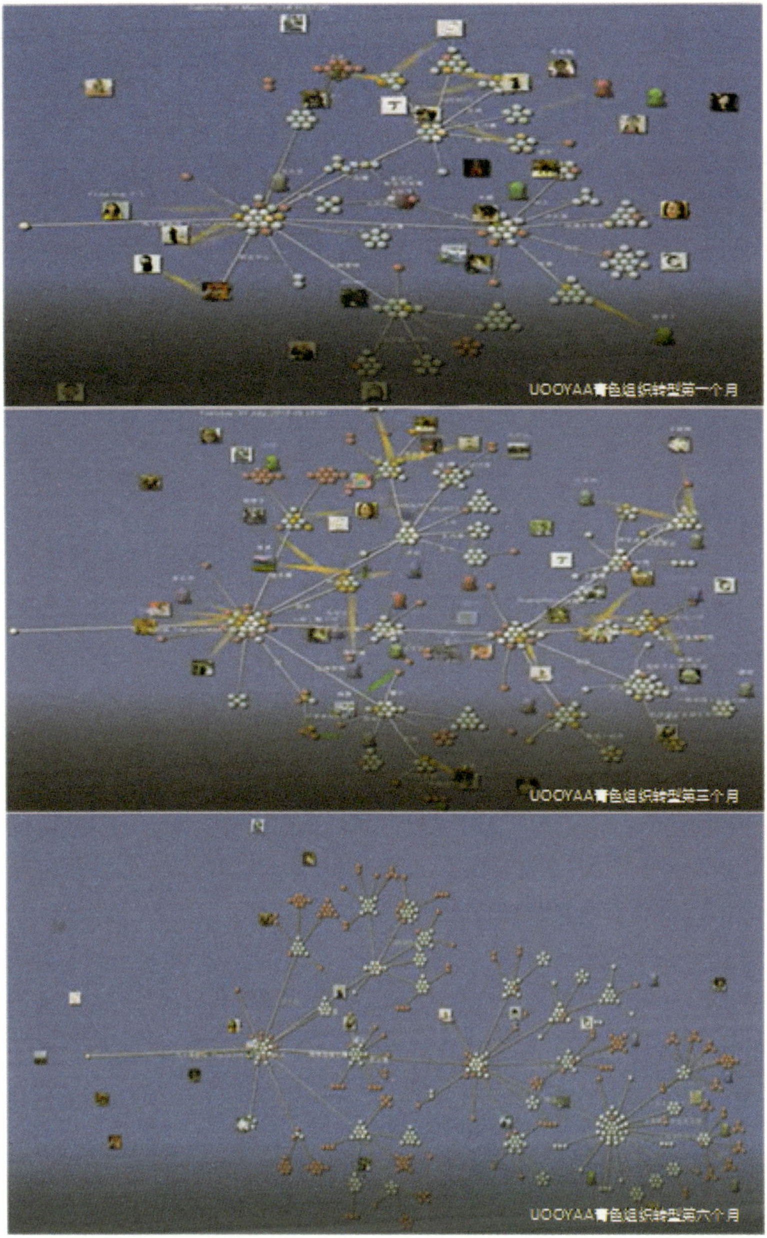


（UOOYAA乌丫整个组织超过300人全面进入青色组织，图片是该组织架构进化图，根据slashme.com后台数据下载生成）

## 使命驱动：致这个时代下那些不计后果野蛮增长的企业们

一艘不知道方向的船，无论怎么努力航行都遇不到顺风。使命对于一个组织、一个个体而言几乎界定了其存在于世的意义。等等！让我们暂时回到现实。我曾经工作过的几家公司就有两家企业将“股东的利益最大化”列入了整个公司的价值观中。这句真心话让当今社会众多的企业在“错误的正确道路”上不断野蛮生长。这也是为什么有这么多企业家和管理者会问我同一个问题：“青色组织可以帮助我的公司提高效率、提升利润吗？我需要给你们几个月的时间帮我办到这些？”似乎在国内，这个问题是每个人不得不面对的。你不快速增长，就没人会投你；你不做大做强就没法上市成功。然而，我会和这些伙伴说：“我理解你，但是青色组织本质上不是为了解决这个问题的。”

当我用搜索引擎只能搜到广告和某某自家的文章时，当我家楼下停放的共享单车如蝗虫般涌入我出行的道路时，当我上网买机票平台强迫我额外支付 38 元买一张我永远不会用的优惠券时，当我在网络购物节买了一堆濒临过期的产品时，我觉得我被这个忙乱的世界彻底绑架了。

《重塑组织》给了我们一盏明灯，让我们有机会推动和看见一些“清醒的企业”的诞生和成长。仍旧清晰记得，在我们初次遇见很多企业家和创业者时，他们告诉我，“我选择青色组织不是为了赚钱，我希望我们公司的所有人也能真正理解这一点，为我们的客户提供价值，帮助他们成长是我们存在的理由”（一家科技公司）；“我希望我们的企业能有更多的善意，给这个世界带来一些有趣的事物”（一家创意时尚公司）；“当年选择逃离大外企自己创业，就是想做一些自己喜欢的事情，让自己的生命有意义，现在公司做起来了，还招了这么多优秀的年轻人，却发现在这里工作并没有让他们快乐和感受到工作的价值，我希望青色组织可以帮助他们就如同我当年一样”（一家咨询机构）；“我是环境保护主义者，我不开车，尽量避免用塑料制品，而我们所处的行业却是环境污染的帮凶。我们想在这个行业中做一些改变，对环境零污染下也能持续商业运营”（一家服装公司）。

与此同时，我们惊喜地发现，青色组织也正在酝酿和滋养一批拥有使命的个体出现。这让我们兴奋不已，并持续投入研究和实践。我们坚信，随着科技的发展，物质生活的丰裕，一代又一代新生力量涌入职场，会有更大基数的人们在生命的更早时期有意识探索个人使命，自我实现。而青色组织正是这群人赖以繁荣生长的土壤。**我们大胆地预言，未来组织也不再是“雇主 + 雇员”的掌控依赖模式，而是实现真正意义上一群志同道合的“合伙人”一起前行（可能是庞大的整个群体）。正如全球知名的使命探索专家 Tim Kelley 所说，人们从来不会洗租来的车。只有当人们的个人使命和组织使命达到真正的同频共振，人们在认知上把组织当成是自己的时，才会愿意真心付出、同甘共苦。**这也呼应了本书中 Frederic 所提及的青色组织运行的先决条件之一：所属权。在欧洲和美国，政府的有关劳工部门已经走进这些企业开展调研工作，力求从政策和法律层面上支持这些青色组织的发展。几个月前在我去荷兰出差和一家青色组织的联合创始人沟通时，他兴奋地告诉我们，他们公司正在聘请律师，计划将全公司的百名员工通过法律条款列入这家公司的合伙人，这不仅是股权和分红的目的，更是一个组织所属权的重新界定。

全球最大的青色组织社群 Enliventing Edge 的创始人 George Pór 先生来到中国与我们做分享交流时说，青色组织最重要的是要学会让使命 (purpose) 和利益（ego）更好地相处，组织内要有一批核心的伙伴，他们能够正视大我和小我之间的关系。《驱动力》（*Drive*）一书的作者 Daniel Pink 先生说道，从 20 世纪（机械性、重复性）企业主利用“胡萝卜加大棒”（利用人们的恐惧和欲望）的方式管理员工，到 21 世纪（创造性、复杂性）需要给予员工富有使命感、自主性和掌控力的工作。Daniel 在书中也说道，这并不是说因为员工拥有了使命感，我们就不跟员工谈钱。我们仍旧需要谈，而且要放在最开始谈，公平开放地谈，我们的目的是把这个问题谈完了，就一起将话题安心地放到桌边，然后转身全情投入工作。橙色过于关注利益与竞争，绿色则过于关注共同价值与和平，青色则需要我们在这之中找到平衡，且当我们不得不做出选择的时候，使命为先。

## 身心整合：遇见那个真实的自己

身心整合对于我来说，应该是整个青色组织中最柔软、最妙不可言的一个话题。起初，我和大部分的实用主义者、干货收集爱好者一样，希望能够找到关于身心整合的落地工具，或者一套什么方法论。但是我失败了。我发现，身心整合并不是一个“thinking + doing”的过程，而是一个“being+ feeling”的过程。与此同时，我踏上了自己身心整合的旅程。在十几年的体制教育下外加十几年橙色组织工作的消磨下，我已经完全成了 Frederic 在书中所说的那种十六分之一的“人”，请容许我带着对自己仅剩的一丝怜悯仍旧称自己为“人”。我从不真正关心我的同事生活得是否好，恋爱谈得如何，孩子成长给他们带来什么快乐，家长里短都只是茶余饭后的谈资罢了。我更不会在工作场合袒露自己的胆怯与害怕、疲惫与彷徨，作为一名职业女性我明白在职场只有咬牙坚强不可以有眼泪软弱，“镇定”“强大”是我前老板送给我的职场成功秘诀。卸下面具，面对身边的人们，对我来说是一件非常困难的事情。因为我害怕他们认为我不专业、不优秀、不够强。

这几年，我和团队在日常的工作中有意识营造“安全空间”的场域，促进团队的身心整合。很多方式是我们通过拜访国外先行的青色组织学习来的，还有一些是我们基于一些身心整合、关系共处的理论模型共创出来的。这之中很多的方式也在国内众多的青色组织中得到落地实践。都是一些小的改变，却很用心有爱。团队的定期聚餐从下馆子，变成去不同同学家做客；一家公司还自发将茶水间改造成开放厨房，每个月的团建活动变成了一起买菜做饭；另一家公司办公室的后院被改造成了宠物天地，总有络绎不绝的同事在那里边遛狗边开会；周期性的团队绩效反馈，每个人给彼此提出工作方面的改进意见或建议，无论你是新员工还是CEO都会获得伙伴们真诚的反馈，帮助你进步提升；每个月一次的团队会心小组，分享不同的话题："我最近和你相处最开心的时刻和最不开心的时刻"，"我会因为什么而决定辞职离开公司"，"和你聊聊我身上文身背后的故事"，"我手机里装的奇葩APP"，"我的工作是我热爱的吗？我还想做点什么其他的"……我在辅导企业开展会心小组活动时，有近半数的活动中都有成员落泪，甚至还经历过几次同学们集体感动落泪的一幕，一包纸巾如丢手绢般被整场来回传递。是啊，我们有太多太多的话，太多太多的真实自己，没有机会释放，没有被看见，没有被理解，没有被关心。

**在一个组织把人当作员工来看之前，首先应该把他们当"人"看。**

## 感谢陆维东和陈颖坚(Joey Chan)

感谢我的伙伴维东能促成我有幸和Joey共同翻译这本书。维东是《重塑组织》中文版翻译工作的发起人和主要译者，Joey则是国内在个人意识进化、整合理论方面的高口碑专家。二人在推动中国组织进化和个人进化方面都做出了杰出的贡献。同时，也感谢我的团队"Slashme我斜杠"，一起相信，一起实践，一起踩"坑"，一起成长，我们的使命是"帮助人们拥有一个更具使命感和内在意识的工作与生活"。这个话题在中国还处于非常初早期，期待未来在这片土地上能看见更多的青色组织绽放色彩。希望这本书可以帮助读者打开一扇关于未来工作、未来组织的门，无论你会不会跨过这道门，我都很开心光亮已经照在了你的身上！

# 引言

## 这看起来不太像一本管理类书籍

一种全新的组织范式正在形成，听说许多人都深受鼓舞

……但并非每个人都有时间为此而阅读一本 500 多页的管理类书籍！

很少有管理书籍能像《重塑组织》这样真正成为一个口口相传的现象。它包含着一个让人充满希望的信息——我们可以建立更强大、富有灵魂且使命清晰的组织，这一点已经在全世界的读者范围内引起了共鸣。

最不可思议的事情也在发生着。许多国家的读者自发地联系出版商，坚持要将这本书翻译成不同的语言。智利的两位读者决定不再等待，自费进行翻译；乌克兰的一位读者也是以这种方式将书译为俄语；有一位美国读者自己买了一套家庭录音设备来为本书录制音频版本；还有读者正忙于根据本书设计一款电脑游戏。越来越多的大学教授将这本书列入商学院的课程之中。由于这些涌现的势头，我听说有许多大大小小的组织，都承诺要从根本上重塑他们自己。

我相信很多对这本书产生共鸣的人都一

定会这么做，因为现如今几乎所有人都觉得我们的组织真的出了状况。我们每个人都可以随意罗列出一长串“当今的管理是如何将大家工作中的时间和精力耗尽”这类悲哀而真实的故事：组织中官僚主义成风；职场上充斥着满足自我的膨胀、争夺权力的游戏、内斗与各自为政；组织中由管理层做出的决定经常让基层的员工们一头雾水，甚至是感到彻底的挫败……我们当中的很多人都渴望工作不应只止于此，他们都对于一种正在形成中的、为人们带来希望的，且能更好地运营企业、非营利组织、学校和医院的管理方式深感共鸣。

但是仍有人告诉我，并非每个人都因此而愿意阅读一整本管理书籍（您能相信吗？）。一位读者建议我为这本书添加插图，并且她向我介绍了艾蒂安——一位极具天赋的插画师，我们后来更成了朋友。当时这个想法不仅仅是为了增加原有书中的插图，而且是为了创造一个全新的版本——一个关于《重塑组织》这本书的图文并茂的、介绍性的版本！

# 这本书是……

有关《重塑组织》原书主要思想的生动介绍，您可以一口气将之看完。这是一本您可以轻松地与其他人分享的著作。这本书有助于我们把话题从什么是令人沮丧的切换至什么是可能的。这本书对一些公司进行了介绍，分享了它们如何使自己更强大、富有灵魂且使命清晰……这会帮您为您的组织勾勒出新的未来会是什么样子。

# 这本书不是……

一部详尽的新型管理实践手册。它仅仅对这种新兴的、新型组织形态的一些关键要素进行了重点介绍，但我相信这足以让您真正感受到这种新型组织范式的各个方面。与原书相比，这本书虽然更为简练，却不是一部生硬的简化版。就像原书一样，这本书亦可能会让您对生活、对人、对工作的一些根深蒂固的想法产生动摇。准备享受这场思想的盛宴吧！

《重塑组织》的见解源于我对创新型组织三年的研究工作。在经过层层筛选后，我对不同行业和地区约 50 个组织进行了研究。当选择这样一些组织进行更深入的研究时，我发现如果要让这些发现有意义，那么就需要制定出相当严格的选择标准。

我决定深入组织进行研究：

√ 不管它们属于哪个地区、哪个行业，是营利性还是非营利性的组织。

! 但它们必须运营至少 5 年，至少有 100 名员工，并且有着大量的、与青色意识水平相一致的管理实践（之后会对青色进行更多的介绍）。

起初我担心自己找不到符合这些条件的组织。毕竟，我的目标仍然是个很新兴的领域。最有研究价值的公司如果太小或者运营时间太短，或许难以展现出任何有意义的结果。令人感到宽慰的是，我的担心是多余的。有 12 家组织达到了我设定的条件，并且通常远超这一标准。许多公司用这些创新性原则运营了很长时间，有的甚至运营了长达 30 年或更久，而且它们的员工不是只有数百人，有的甚至有数千人乃至上万人。

## 问题研究与数据收集的方法

对这 12 个组织的研究方法包括研究 45 种基本组织结构和实践（例如这个组织如何做出决策？信息流的路径如何？人员如何评估？如何制作预算？目标是什么？……对完整的研究问题列表感兴趣的读者可参阅《重塑组织》附录 1）。数据收集过程包括对所有公开资料的研究，获取的内部文件，利用 Skype、电话进行的访问，或对组织创始人和领导人的拜访，以及在可能的情况下进行的实地考察。

# 第 1 部分

## 如今的组织运作方式已经彻底失效

## 我们能否创建一种全新的模式？

# 现今的组织已经破烂不堪了

不知何故，几乎所有人都意识到，如今的组织运作方式已经不再管用了。这套体系已经过度运作以至超出它的极限了。有时候，感觉每个人都好像是行尸走肉一样在组织中生存着。

调查结果显示，绝大多数员工在工作中都处于抽离状态。2013年盖洛普（GALLUP）的调查发现，全球只有13%的员工积极投身于工作（63%感到不投入，24%则处于高度抽离的状态）。管理学大师加里·哈梅尔 (Gary Hamel) 直言这根本就是“管理的羞耻”。

大型组织中的领导者看似位高权重，并且和我们所有人一样，他们希望自己的生活看起来一切尽在掌握，仿佛自己是在成功游戏中的大赢家一样。但当我们有机会和这些领导人促膝长谈，会发现光鲜亮丽外表的背后，几乎每个领导人都感到疲惫——疲惫于名利追逐和巨大压力，疲惫于永不停歇的电子邮件、会议与简报。他们也疲惫于努力地让人们皆大欢喜、激励员工取得成果。其中最令他们疲惫的，可能就是忙于压抑一些萦绕心中的困扰……

客户对企业的信任度达到历史新低，他们对品牌的忠诚度也是如此。许多国家的医疗保健体系几近破败。学校里，孩子们像流水线上的零件一样，二三十个学生整批在僵化的课程里周转，孩子们中却有惊人比例的部分会在这台教育机器运作过程中被抛弃。

比起这些问题，更根本的或许是我们对供人类居住的地球造成的伤害。所有的组织，不分程度多寡，都是制造环境污染的一员，正以惊人的速度摧毁珍贵的生态系统与物种，并耗尽了我们后代子孙需要却再也无法获得的原生资源。

## 支离破碎的不仅仅是企业

最近，企业的贪婪和不顾一切追求更多利润和增长让它们背负了不少骂名。但管理制度上的崩坏却影响着所有组织类型。据我们所知，尽管非营利组织有着崇高的使命，但它们并没有因此成为更好的雇主。政府机构也不例外。医院已经变成了没有灵魂的工厂，护士们成群地离开。无数的教师开始另谋出路，原因是我们一直崇尚一种没有温度、机械式的教学方法，完全不能滋养教师或学生们的心灵。哪怕是那些本着强烈的使命而选择工作的人们到头来也只得梦碎而醒，这也道出了我们的管理方法已经变得如此令人沮丧。

即便如此，但我仍有保持深度乐观的理由，这是否很令人意外？

我们所感到的痛苦是来自正在消亡中的某些旧事

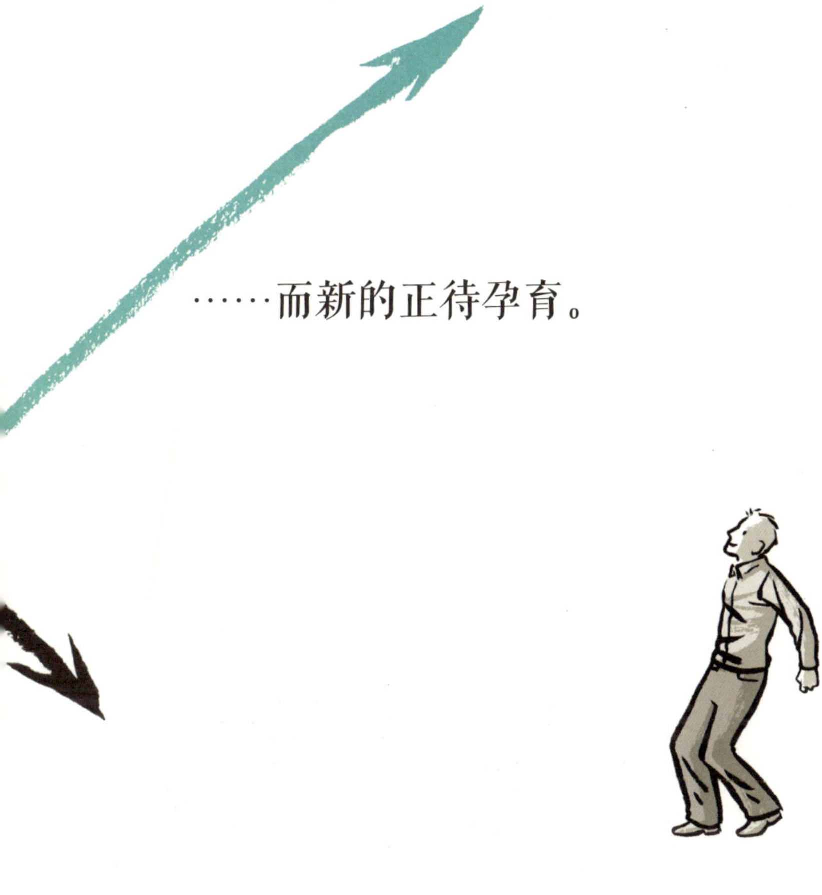
……而新的正待孕育。

# 人类文明是以突发性跃进的方式进化的

钻研人类进化史的历史学家、哲学家和心理学家多会同意：基于某些原因，人类的进化并非持续渐进的，而是突发性的跃进。学者们大致同意我们在历史进程中的那些重大飞跃。[1]我们经历了部落时代、农业时代、科学与工业时代等等。为了方便记忆，研究人类意识层次的哲学家肯·威尔伯（Ken Wilber）将这些阶段对应为不同的颜色，在《重塑组织》一书中我就是借用了他的色层构想。

## 在不同的层次，演绎的方式完全不一样！

每一个新的层次的到来，都会为技术、物质生活、统治社会的权力结构、宗教或精神面貌等诸多生活条件带来突破。

其中有一个方面一直被忽视：伴随每次意识层次上的跃升，我们在合作方式方面也都有所突破；每一次飞跃都使我们创造了一个显著不同且更加强大的“组织模式”。

## 大量的证据显示我们即将跨出新的跃进……

……跃升至威尔伯命名为“青色”的层次，我有时候会将它称之为“进化型的”。如果今天世界上有诸多的苦痛，有部分原因是因为我们目前存活在这个世界的方式已经过时了，无法应对我们正在面临的挑战。我们恰好处于这样一个过渡时期，在这个过渡时期，旧的运作方式开始崩塌解体，但新的尚未形成。在这种令人困惑的时期，有些人更加依附在自己既有的观点和信念，并试图更抓狂地应用那些过时的解药。而另一些人，为数日渐增长的一批先锋，则生成了新的视野，从而能够寻求以前未曾有过的解决方法。

## 从这个角度来看，我们的确有可能即将开创出一种全新的管理范式

要说一个全新的组织模式正在生成，这听起来可能是匪夷所思的。我们真的有可能创造一个全新的管理范式吗？然而从历史的角度来看是不足为奇的。这不过是人类在进化的阶梯上又向上多迈进一步而已。

我认为我们愿意多花一点时间来看一下这个历史性观点是很重要的。如果您认为以一种更强大、富有灵魂且使命驱动的方式来运作组织是绝对可能的，那么您将会遇到很多认为这是痴心妄想且不屑一顾的人。他们会试图说服您，让您觉得您心中的想法是天真的、无法实现的。

不过结果表明这完全是可以实现的——有一些真正杰出的组织已经用着下一阶段的模式来运作了。但还是有许多人，即使已经获悉这些组织的存在，仍然试图对此视而不见。因为从现今主流的角度来看这并不是太能被理解的。这是处在历史的交会点时都会发生的情况。想象一下在300年前，当一些人开始声称一个国家可以由民众选举的代表来治理，而不是由国王和贵族阶级统治时，情况一定和现在很相像。这群人能清晰地看到生成中的未来，但他们也同时面临着极多的质疑。

# 红色（冲动型）的世界观

让我们快速回顾一下社会和组织的历史演变进程吧！数万年来，人们最多生活在几十人或几百人的家族部落中。这些家族部落有德高望重的长者，但却没有首领，没有层级的划分，也没有刻意的分工。因此，基本上没有“组织”的概念可言。

从大约 1 万年前开始，人类进入了一个新的阶段，或称之为“冲动型—红色”的层次。[2] 终于出现了为数在数千人以上的社会规模，为了应对这种规模所带来的全新复杂性，首领的角色诞生了。这一角色的作用是执行和维护社会秩序，必要时可以通过暴力手段来强制执行。从研究中得知，人们在这个层次的心智结构是冲动型的，行事多以自我利益为中心。社会秩序尚未内化到他们的心智中，因此由首领强制制定社会制度是极度重要的，也是必需的。在冲动型—红色的世界观里，“权力”是审视万物的唯一视角。

今天，我们很容易对红色层次中权力的粗暴使用感到惊讶，与此同时，我们也可能忽略了这一阶段为人类进化的旅程所带来的大无畏和开创性精神。众多的部落勇敢地走出了它们平时的栖息地，探索新世界。在一个时代迫切需要新生事物时，年轻人终于可以摆脱老一辈的迂腐观点。没有红色层次的力量，就不会有雄心勃勃的主动性和创新精神。

## 狼群一样的红色组织

对首领的忠诚和恐惧是红色组织良好运行的法宝，以此使底层的人们死命地追随并执行命令。一旦首领表现出一丝软弱，或者变得过分贪婪而忽视了照顾下属的责任，那么就会有人试图推翻他，这就好比人们常说的小狼会推翻老狼的统治一样。[3] 这样的组织往往不稳定，不能很好地扩张，但它们在混乱的环境中却具有超强的创造突破与应变的能力。

## 典型代表：黑手党与街头帮派

纵观历史，第一批红色组织出现在部落企图进攻并消灭周边部落的时候。至于今天，红色组织的原型则是黑手党或毒品交易的街头帮派。之后，更为民间的例子，是很多小型企业，它们的创始人、老板会尽一切努力来取得成功、插手所有事务，事无巨细地强管控，对于那些限制他们如此行事的结构或流程完全不管不顾。

## 红色组织两项重大的突破

红色组织在人类组织的进化之路上取得了两项重大的突破：劳动分工以及自上而下的权力结构。这些突破现在看起来似乎有些感觉怪怪的，但从历史的角度来说，它们是重大的创新，可以让组织共同应对前所未有的复杂局面。

劳动分工

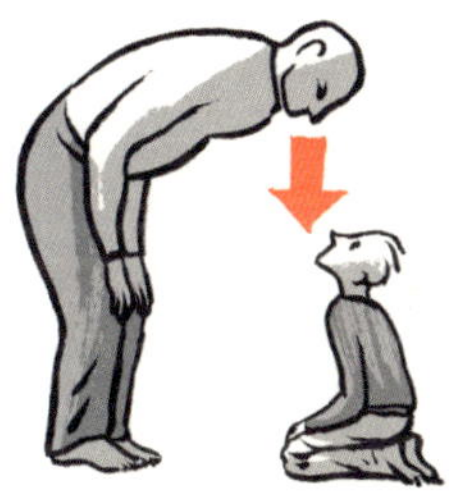

自上而下的权力结构

# 琥珀色（服从型）的世界观

始于公元前 4000 年左右，一个更为复杂的世界观在美索不达米亚出现了。[4] 它促进了从前帝国社会到农业社会，然后到国家和帝国，以至到官僚机构和有组织之宗教时代的飞跃。

农业社会以阶级或种姓制将人区分为不同的社会等级。这些都基于一些远古的神话，其中包含了由上帝赐予的、不可改变的是非对错准则。在这个层次，人们已经学会控制“红色”的冲动——他们为了服务拥有共同信念的人而开始内化一些规条予以自律。愧疚感和羞耻心成为了社会的黏合剂。人们花费了大量精力去学习如何融入彼此，该穿什么服饰，做什么事，或该有什么思想才算是最合适的。

尽管人类如今有着不同的信仰，但调查同时显示，大部分的成年人都处于这一个层次：右翼基督教极端主义者和左翼工会领袖可能对几乎所有问题的看法都是大相径庭的，但他们都可以说是同属于“服从型—琥珀色”的意识进化。

遵守规则，你就可以“活下来”并成为组织的一分子。藐视规则，你将永远地被抛弃、逐出。

## 什么组织会有着琥珀色的原型？军队或天主教教会

琥珀色组织有着金字塔般层级森严且明确的等级划分。军队里，步兵、中士、中尉、上校到将军；教会里，卑微的祭司之上是主教、大主教、红衣主教，而高高在上的是教皇。琥珀色组织生活在一个既稳定又明确的世界里。每个人都知道自己该要扮演怎样的角色。稳定的仪式和流程使每个人都清楚接下来会发生什么。

## 突破一：可复制的流程

和农业社会一样，琥珀色组织依靠的是稳定、可复制的流程，使其能够在无限扩张之下仍能保持良好的运转。明年的收获将基于和今年、去年相同的模板。在稳定的流程中，关键性知识不再取决于某个特定的人，而是扎根在组织中。在琥珀色的组织里任何人都可以被取代——即使是教皇——无论任何高级个体离开，组织都会继续无缝运行。

## 突破二：稳定的组织结构

琥珀色组织创造了正式的职位名称、工作说明和汇报线。思考由顶层负责，底层只需要负责执行。组织结构图明确了各级人员的角色和与他们相应的“盒子”。牧师不再暗中谋划着篡夺主教的位置。这让琥珀色组织达到了未曾想象过的规模（例如将传教士派往地球的另一边），并取得了前所未有的成果。（琥珀色组织建造了农业灌溉系统、金字塔与大教堂，这在早期的层次是绝对不可能实现的。）

## 当前的例子

今天，许多军队、宗教机构、政府机构、公立学校系统和大学仍然延续着琥珀色组织的基调。它们的运作经常是在一个隐藏的假设下进行：正确的做事方式只有一个，世界是（或应该是）不变的，终身受聘于一个组织应该是常态。当世界发生变化时，它们很难接受改变是需要的，并且难以适应。

## 橙色（成就型）的世界观

这是科学和工业革命的世界观。[5] 在这个层次，人们不再将世界看作是一个固定的、由不可改变的是非对错准则支配的宇宙。相反，它被认为是一个复杂的机械，而人们开始可以探索并理解其内部运作方式和自然规律。如果我在理解和操纵世界方面比其他人更快、更聪明、更具创新性，我将获得更多的成功、财富、利润、市场份额或任何我想要的东西。这种观点的一个经典口头禅就是“你可以成为任何你想成为的人”，你也可以获得任何你想要获得的东西。

儿童认知心理学家皮亚杰（Piaget）进行了一个“橙色”认知思维的典型实验：把三杯透明液体给一个人，并告诉他，液体通过某种方式混合会变成黄色。具有琥珀色或之前意识进化的人会开始随意混合液体。已经进入橙色阶段的青少年则会首先从总体上看待事实，即必须将玻璃杯 B 与玻璃杯 A 中的液体混合，玻璃杯 A 和玻璃杯 C 中的液体混合，玻璃杯 B 和玻璃杯 C 中的液体混合等等。他们会一次性尝试各种组合。这其中包含着深刻的含义：拥有橙色意识进化的人开始想象可能存在的不同世界，学会质疑现有的教条和社会契约。

这个世界观在过去两个世纪里深刻地改变了人类社会，并赋予我们前所未有的繁荣和寿命的延长。对于“如果”的想象也使我们摆脱了来自种姓制度和宗教的压迫，并用法治和民主取代了封建统治。这种世界观主导着今天的商业管理界的思想；它是贯穿全世界商学院课程的（通常是无意识的）主流观点。

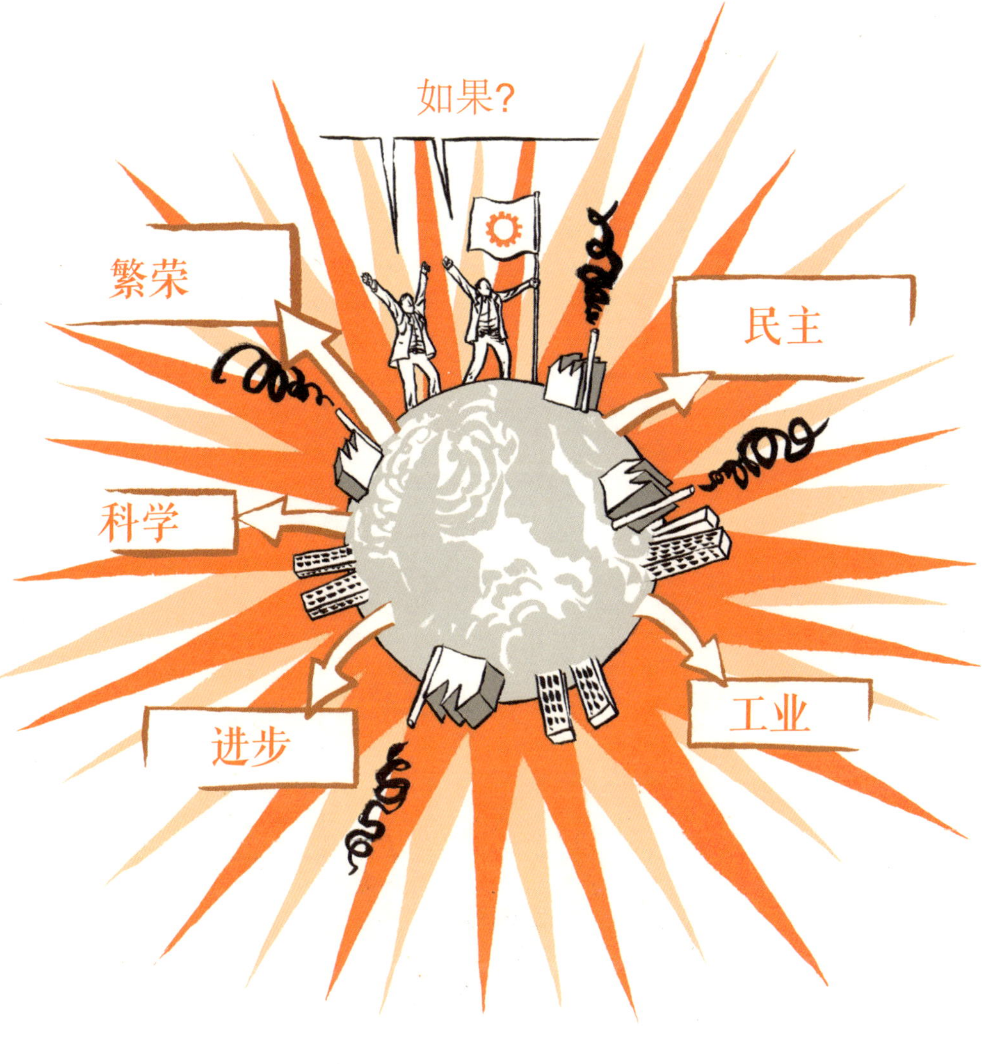
如果?
繁荣
民主
科学
工业
进步

# 橙色组织？

## 想想公开上市的公司，想想华尔街的银行

“成就型—橙色”的世界观深刻地影响着当代的管理实践。大多数商业领袖都具有这种思考方式，大多数 MBA 课程都是基于橙色的假设，同时大多数企业都依赖橙色的管理思想。随便说几个全球商业巨鳄的名字——沃尔玛、耐克、可口可乐、通用电气——它很可能就是一个橙色组织。华尔街的银行家也许是最引人注目的例子：为了追逐利润而成为不顾一切的创新与高效运转的机器。

## 最恰当的比喻：组织如机器

“成就型—橙色”的思想范式将组织视为机器。我们谈到组织时所用到的工程术语正揭示了这一比喻在我们心中有多牢固（尽管往往是无意识的）——“单位与阶层、投入与产出、效率与效能、拉动杠杆和产生变化、信息流和瓶颈、架构重组和精简规模”。组织是由领导和顾问设计的；如同一部大型运转的机器设备，人们是必须在设计中谨慎安排的零部件；必须在蓝图中对所有变动进行规划，然后按计划有条不紊地实施。如果机器的某些部分运行不佳，那么可能就该注些润滑油，通过“软性的介入”减少齿轮间的摩擦，像是组织内的团队建设活动。把组织比作机器既展示出橙色组织的活力，同时也展现出这样的组织毫无生机和灵魂。

## 突破一：创新

琥珀色组织假定世界是（或应该是）不变的。橙色带来的是创新的力量：如果你能比竞争对手更快地进行不断的创新和追求最优化，那么自然就可以获得更多的利润和市场份额。因此，橙色组织建立了诸如研发、市场和产品管理等部门，并成立了项目团队和跨职能机制——值得关注的是，这些都是在天主教会或公立学校系统中不曾存在的。

## 突破二：当责

为了比竞争对手更快实现更多的创新，在组织中集思广益，充分利用每个人的智慧和创造力，成就了一种竞争优势。其结果就是目标管理（MBO，Management By Objectives）的出现。高层管理人员确定了总体方向，并向下级分配目标。然后，下级们就可以自由寻找实现这些目标的最佳方式。

大量管理实践都是为了支持目标管理而建构的，例如战略规划、年度预算、关键绩效指标、平衡计分卡、KPI 绩效评估、奖金计划和股票期权。当琥珀色只能依靠“大棒（罚）”时，橙色进化到利用“胡萝卜（赏）”作为手段，并在此过程中创造了当今被所有企业坚信不疑大力实施的 HR 人力资源管理体系。（我们再次注意到，无论好坏，这些做法几乎都不存在于琥珀色以及之前的范式之中，例如，在公立学校系统或天主教教会——据我所知，神职人员都没有关键绩效指标。）

### 突破三：精英制

从历史的角度来看，精英制的出现无疑是一种激进的想法，同时也是一场巨大的解放运动。不久之前，我们仍是在农民中招募牧师，在贵族家庭中选出主教和红衣主教似乎是司空见惯的一件事。卑微的牧师成为教皇是想都不敢想的事情。橙色范式的世界观改变了这种理解。原则上，任何人都可以晋升。而在这个过程中，聪明人则应该走在前列。在组织内负责收发工作的人员也可能成为CEO，不受性别影响，也无论是否存在着弱势社群的不利背景（当然，实际上我们还没有实现完全意义上的公平竞争）。资源规划、人才管理、导师和教练、领导力培训和接班人计划都是橙色范式的发明。工作的流动性成为常态；人们每几年就会换一次工作，终身制也不再是大多数工作者的理想。

# 橙色的阴暗面

科学和工业革命给我们带来了巨大的自由与繁荣。渐渐地，我们也看到了它们对我们未来的巨大负面影响。第一个负面影响是“走火入魔式的创新”。由于我们的基本需求大部分都已经得到满足，于是商家开始不断努力地创造新的需求。他们给我们灌输一种思想：拥有更多就是更好。即拥有更多的非必需品（更多的财富、最新潮的时尚单品、更富有青春活力的身体）会让我们感到幸福和满足。我们已经进入了这样一个阶段：我们经常为了增长而追逐增长，这种情况在医学中的术语会称为“癌症”。它催生了一种掠夺性经济体，而这个经济体正在逐渐耗尽世界上的所有自然资源，摧毁我们赖以生存的生态系统。

当人们仅仅用金钱和荣誉感来衡量成功时，就会出现橙色范式的第二个负面影响。如果只有攀上顶峰的人才能算作成功的话，那我们必定会感到空虚。中年危机是橙色组织中的一个常见病：20多年来，我们一直在成功游戏中追名逐利。直到现在我们才意识到，我们无法到达顶峰，或者顶峰并不是我们想象的那样。当一切都归结为目标、数字、里程碑、截止时间、变更计划和跨职能机制时，有些人不禁想知道所有这些到底有什么意义，并渴望做更有意义的事情。橙色的世界观是坚定的唯物主义——只相信看得见摸得着的那些“物质”——而我们对意义的渴望，以及对接触超出自身的东西的渴望，却渐渐变得遥遥无期，难以实现。

## 绿色（多元型）的世界观

这一阶段的人们[6]强烈意识到了橙色的阴暗面：拜金主义、社会不平等、缺乏归属感以及对自然界造成的环境伤害。同时他们也在努力寻找自己的归属、与大家建立密切和谐的关系。他们坚持认为所有人都具有同等价值，每个人的声音都应该被听到。

在18世纪和19世纪后期，世界范围内一小部分具有“多元型—绿色”世界观的人开始呼吁废除奴隶制、解放妇女和宗教自由。直到20世纪六七十年代，受其影响出现了反主流文化思潮运动，这一世界观才真正登上历史舞台。今天，虽然橙色的世界观在商业和政治领域中仍然占主导地位，但在后现代学术思潮中，在非营利组织中，在社会工作者和社区活动积极分子中，绿色的思想却相当活跃。

### 一个新的比喻：组织如家庭

绿色组织的领导者坚定地认为，员工并不仅仅是组织这台大机器中的齿轮。听听这些领导者的话就会发现，他们竟然不约而同地将组织称为一个家庭或社区。在这里，每个人都有一席之地，同事之间相互关心，每个成员的幸福程度对整个组织的价值体现极为重要。

## 突破一：赋能式的授权

这个层次的人们对等级划分有着与生俱来的厌恶。因此，绿色组织会努力弱化层级划分，并赋予员工更多的授权，将决策权广泛地下放给员工。倒转的金字塔是绿色组织中经常被使用的一个模式：一线员工处于顶端，而最底层的高层管理人员与CEO则是为员工服务的仆人式领导者。经过培训，中层管理人员将为团队提供指导，在后台对整个组织成员提供指导和激励，而不再是高高在上地指点江山。

## 突破二：价值观驱动型文化

在绿色组织中，共同的价值观不仅仅是用作掩饰利润追求或市场份额追求的“遮羞布”。这些价值观可以真正地激励员工，指导获得授权的员工做出正确的决策，并且它们往往能取代一大堆规则和政策，虽然大多数组织仍然认为这些规则和政策是管理员工所必需的。在这些绿色组织中，CEO的主要关注点通常是创造良好的企业文化和协作氛围。

## 突破三：顾及与平衡多方利益相关者的利益

绿色组织会对“股东价值”这一概念提出质疑，即公司的主要义务是为股票持有人实现利润最大化。绿色组织坚持认为，企业不仅要对投资者负责，还要对员工、客户、供应商、当地社区、整个社会以及环境负责，并且必须平衡各方利益。

## 想想美国西南航空、Ben & Jerry's……

绿色范式的管理观点经常出现在非营利组织、非政府组织和社会企业中。但随着人们逐渐认识到“软性”管理的重要性，绿色的管理理念在企业界也变得越来越普遍。绿色组织常常努力激励员工去做伟大的事，这也使它们的表现相较于传统的“指令与控制型”组织更为出色。[7]美国西南航空、Ben & Jerry's 和 The Container Store 等公司都是家喻户晓的绿色组织佼佼者。

# 绿色组织的言行不一的矛盾性

我们可以看到有些价值观驱动型组织与文化驱动型组织极具活力，这说明这种模式是有效的。然而，大规模的权力下放与授权绝非易事！绿色组织模式有一个固有的自相矛盾性：虽然它追求平等和共识，但它却保留着橙色模式中层级分明的金字塔结构。人们信奉的价值观和现实之间往往存在令人不安的不一致性，这种不一致性让大家感到失落与困惑。我们该如何在这种情况下做出决策？是通过协商一致做出决策，还是最终交回老板由他来定夺？事实上很多绿色组织在实践中，经常将这两种方式混杂在一起使用。

在许多小型组织，特别是非营利组织或社会企业中，尤其强调共识的追求。但这多半会导致组织运转缓慢低效，甚至瘫痪。因此，为了完成任务不得不在暗地里玩起声名狼藉的权力游戏。成功的大型绿色组织似乎更注重授权而不是追求严格意义上的共识。在内心深处，他们其实不想要金字塔，不需要老板。然而他们还无法在现实中做到这一点。于是他们采取了传统的金字塔层级结构，但要求中高层管理者放弃一些控制权并将权力下放给下属。对大多数人来说，这并不容易（特别对于那些仍然从事基层工作的人来说）。成功的绿色公司发现，它们需要持续投入大量时间、精力和金钱来培训和敦促管理人员学会授权，做仆人式的领袖，以有效地创造一种生机勃勃、活力四射的文化，而非弥补那些伴随着层级划分必然产生的问题。

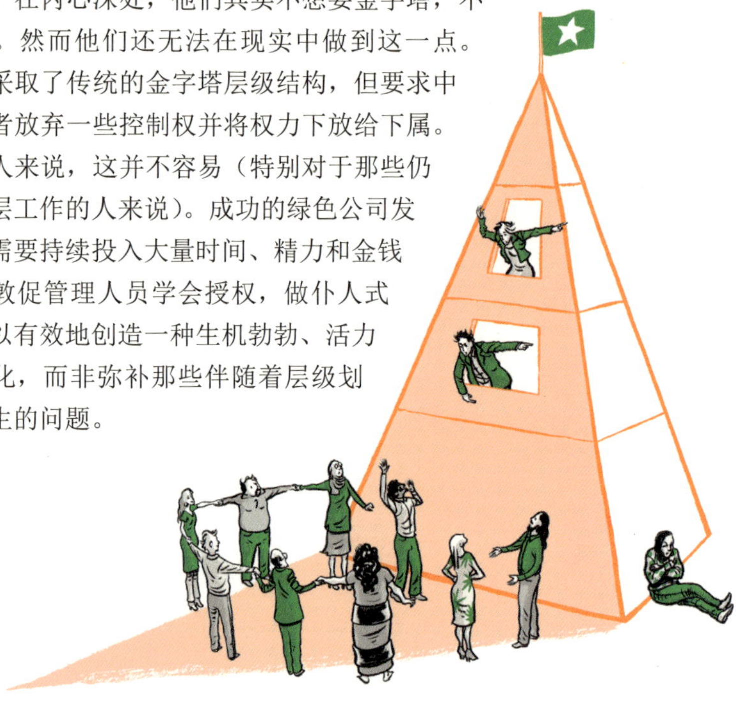

## 有些人喜欢层次分明的概念框架，而有些则不太喜欢

人和组织的层次发展观点会让一些人感到不适。他们不喜欢这样的想法，即某些人会比其他人“更好”“更高层次”的想法。我非常理解他们为什么会这么想。在历史的进程中，人们曾经以某些人优于别人为借口，对彼此造成了极大的伤害——奴隶制、殖民主义、种族主义或性别歧视。然而，这些经历也无法盖过大量的证据，表明人类与其文明是在不断地进化，而且往往是以层级式的跃升方式展现出来。或许，我们不妨以一种更有助益的方式来看，并思考有关“发展 / 进化”这回事：这并不是说后期阶段的人会“更好”一点，而是他们拥有能够看见更多、考虑与包容更多复杂关系的视野而已。

## 理论框架的精妙之处在于它的简约，因而可用。

但没有任何组织是纯然百分百的橙色或绿色（或任何一种颜色）。

这一种层次论式的理论框架，有助于我们理解不同的世界观。不过要小心不要掉进过分简化的陷阱！当我听到人们说某人是琥珀色或是橙色时，我会很不舒服。因为现实要较这些标签复杂得多。人们可以是在某方面以橙色的世界观来运作，但在另一方面则以琥珀色作为其主要运作的世界观。

那么当我说一个组织是“琥珀色”时，我的意思是什么呢？我指的是组织流程、结构及其文化，而不是指那些人。琥珀色组织是指大多数人（谨记这不是指全公司上下所有人！任何组织都不会也不可能只存在单一的范式）的管理实践倾向于“服从型—琥珀色”组织的典型表现。换句话说，组织进行人员招聘、绩效管理、预算安排、目标确立、战略制定等工作的方式大多符合“服从型—琥珀色”的思维模式。

## 举例说明：不同层次的组织如何制定薪资和激励机制？

### 红色喜欢“投其所好”

在红色组织中，由老板按照自己的喜好来决定如何分配利益、加薪还是降薪（想想黑帮或毒枭是如何做的）。它们既没有正式的薪酬谈判流程，也没有任何正式的激励程序。

### 琥珀色在论资排辈下“同工同酬”

在琥珀色组织中，工资通常是固定的，并取决于一个人在其组织中的等级地位（或其他固定的身份地位象征，如员工的文凭或学位）。没有个人薪酬谈判，也没有奖励机制。

### 橙色着重“个人奖励”

橙色组织注重个人目标与激励的作用。如果人们达到了既定目标（理想情况下是预算目标或串级系统目标中的一部分），那么他们应获得可观的奖金。只要能体现出人们的成就和贡献，较大的薪酬差距是可以接受的。

### 绿色倾向喜欢“团队奖金”

因为绿色的范式强调合作而不是竞争，所以在绿色组织中，团队奖金将优先于个人激励机制。领导者的用意是企图避免出现过大的工资差距，以免破坏公平感和归属感（例如通过制定 CEO 的薪酬与全员平均薪酬之间的倍数上限）。

## 以下是当今四种组织范式的总结

## 那么，下一阶段的组织范式会是什么样？

多元型

赋能与授权

价值观驱动型文化

多方利益相关者价值

进化型

?

# 青色（进化型）的世界观

最近，一种全新的意识层次正在粉墨登场。肯·威尔伯将之命名为“青色”的思想范式，而我称之为“进化型”的思想范式。[8]因为它的性质还在呈现中，所以现在说它最终将改变世界或许还为时过早。但是不少学者如马斯洛 (Maslow)、格列夫 (Graves)、凯根 (Kegan) 等人，已经开始着手研究那些跨进了青色阶段的人是如何看待世界的。而且在他们的研究中一再提到，因其深度的差异与不同而与之前的阶段区分出来的一种全新世界观，是属于开天辟地式的全然不同。那么这种世界观有什么标志与特征呢？

## 世界如同是个人与集体一个持续呈现与进化的空间

青色的世界不像琥珀色那样是一成不变或因为是由上帝赐予而不能予以挑战，也不像橙色那样是一个繁复而没有灵魂的机器。相反，在这个世界中，我们开始探索真我，开始展示自己独特的潜力，开始解放与生俱来的天赋。这就像是一个时代的哥白尼式革命，它告诉我们只要将人类的心灵放回人类的所有努力中，一切皆有可能。拥抱青色观点的人们，学会了放下因此前的标准加诸他们身上而“应该”成为的人，并学会倾听自己内心的声音而成为真正自由的人。

## 统御小我

倾听内心声音的能力来源于这一重要的心理发展进程：在青色的层次里，我们开始辨别自己内心的小我。我们学着从不同的外围视角审视自我，并且经常能意识到自己的恐惧、野心和欲望是如何悄无声息地主宰着我们生活的一言一行。我们可以试着学会尽可能降低自己对控制、面子与刻意融入群体的需求。许多学者认为这样可以容许我们有一个深刻的转变，增加了我们信任彼此、信任生命的能力。

这正回应了长久以来早被证实的那些智慧传统，即我们要么生活在恐惧和匮乏之中，要么生活在信任和富足之中。在青色之中，挫折和错误不再意味着恐惧、愤怒或耻辱，我们可以真正地将它们视为了解自己、变得更像自己的机会。

## 聆听内心的感应作为做决定的罗盘

当我们与我们的自我挂在一起时，决策往往容易被外部因素左右——关注其他人会怎样想或是可以取得什么结果。然而，在“进化型—青色”组织中，决策的参考因素则会将外向的准则变为内向，更多关心内向的原则性问题：这个决定是否正确？我是否忠于自己？所做的决策是否与我想成为的那个人相一致？我是否在为世界创造价值？

## 对整合身心的热切渴望

许多进入青色层次的人，开始强烈地感受到现代生活中的痛苦与空虚，在这里我们遗失了太多的自己。我们让忙碌的自我压抑了宁静的灵魂之声；我们已经习以为常地过度强调用脑思辨，却忽视了身体感受；我们非常重视硬朗的刚性力量，却往往无视存在于所有人中的柔性一面；我们丧失了归属感，并且失去了与大自然的天然联系。这种认知与看见往往会使我们深切渴望一种整合，渴望找到遗失的自我，渴望与周围的人、生活和自然团聚。有意思的是，这并非道德使然（我们应该更多地关心自然！），而是因为我们深深意识到一切都是紧密相连的。

## 对组织来说这意味着什么？

当人们的观点发生深刻的转变（或我们认为的“进化”）后，我们相对容易猜想往后的组织架构与运作方式将会完全不一样。实际上，我们也不需要猜了。因为现在有一些组织已经在青色原则和实践中运作了。这些将在本书的下一部分进行讨论。到目前为止，我们可以掌握的是，已经有足够多在实践中的青色组织为我们如何构建和运行提供足够好的理解。

# 第 2 部分

## 这些新型组织到底是如何运作的?

# 了解新事物最好的方式往往是从一个故事开始

这是一个名为博组客（Buurtzorg）的开创性组织的故事，与荷兰的社区护理有关。至少从 18 世纪初开始，荷兰的每个社区都会安排一名或多名护士到医院外工作，探望照顾留在家里的病人和老人。到了 20 世纪，这一体系的运营成本逐渐由社会保障体系承担起来。

20 世纪 80 年代，荷兰政府提出了一个从橙色模式的科学 / 工业角度来看很有意义的想法：如果把所有的护士整合成为大型组织，规模经济就可以发挥作用，从而为纳税人节省开支。于是，政府开始着手将护士们归入大型组织中去，而这些组织也逐步实施起现代（橙色）管理实践。

他们很快意识到，总是由同一位护士看护客户，这样做的效率会变得很低。因此，组织根据实际情况，每天为客户调配不同的护士。灵活性增加的同时，还意味着护士为奔走于两个客户之间的呆滞时间更少。总部设立了服务呼叫中心后，现在客户也不能直接呼叫以前“专属于他们”的护士了。

这样运营后，组织决定对护士们进行专业性的分级。经验较为丰富的护士只专注对接一些难度较大、技术要求比较高的任务，因此也获得更高的薪资。而其他相对简单的工作，如打针和包扎，则可交由工资较低的护士来做，从而进一步节省成本。

成本
灵活性
持续改进
组织规模

## 一步一步的，橙色的机械逻辑占据了主导地位

管理人员注意到，一些护士的工作速度比其他护士快，于是他们便建立起了各种时间规范。更换一次压力袜用时两分半钟，打针用时十分钟。每项工作都被转换为以分钟来计算。随着这种精准计算规范的建立，总部也成立了计划部。现在，每位护士每天晚上都会收到一张由他们根本不相识的计划部人员制作的日程表，上面写着第二天分配给他们的详细计划。

8:00 到 8:05，需要我去这个地址。我有五分钟的时间进屋子里打个招呼，换两只压力袜，然后再出来。

然后计划部预计我需要三分钟时间开车到达我的下一个客户……

……在那儿我将会有十分钟的时间来为客户打针……

## 同时，理所当然地，这些公司开始进行合并了

为了进一步追求规模经济，这些护理服务提供者们又开始进行合并了。为了“管理”这些大公司的护士，他们增加了层级结构。监督几十名护士的地区经理向区域经理报告，区域经理向全国经理报告。现在的这些管理人员基本上没有什么护理的经验。他们的角色只是为了监督和提高护士们的绩效。护士们被要求在所有客户家门口贴一张小条码，进去护理前扫描该条码，并在离开时再扫一次。因此，经理们手头上有大量收集而来的数据，并且可以进行交叉分析。有了这些数据，管理人员可以对护士们的工作进行持续的改善；他们可以告诉护士们哪项工作做得比别人慢。

专业化、灵活性、规模经济、持续改进……每一个方面的变化都会带来效率上的提升，这对荷兰医疗保健体系来说无疑是一件好事。

# 然而这个系统的阴暗面渐渐显现出来

## 病人们厌恶这样的服务

对于年龄较大、时不时犯糊涂的老年客户来说，每天都有一张陌生的面孔出现在家里会令他们感到困扰。

他们被迫要向一个急匆匆的陌生人交代自己的情况和医疗状况。

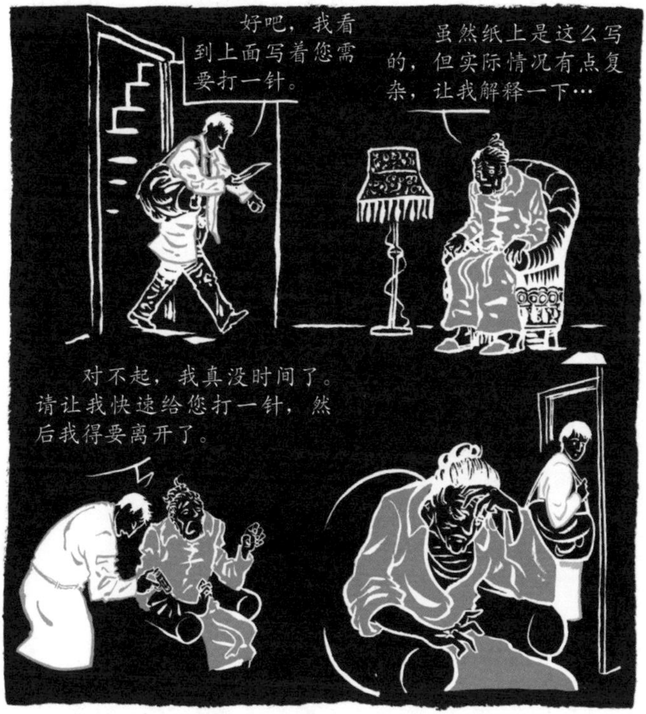


## 护士们厌恶这样的工作

组织要求的工作方式对他们的专业与尊严都造成了伤害。他们意识到自己经常要为客户提供糟糕或不到位的护理服务。然而这个系统却阻止他们去做自己认为对的事。

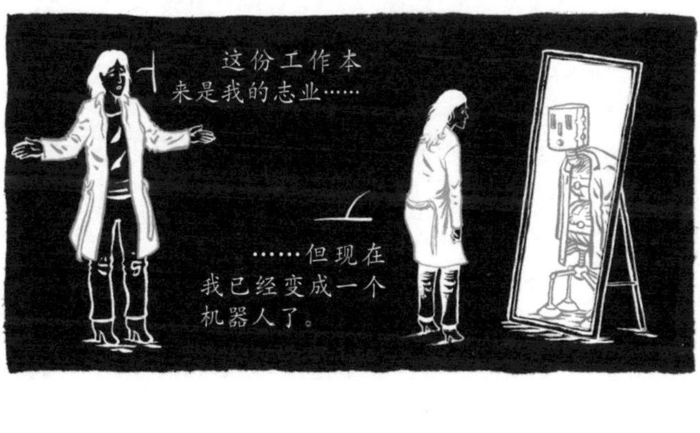

## 2006 年，一位名叫 Jos de Blok 的护士成立了博组客公司……

Jos 拥有十年护理工作经验，亲身经历了因这个行业的变化给自己职业生涯带来的变化。因为和其他护士一样不喜欢这样的工作状态，他决心辞掉工作，成立了博组客公司。该公司将会以完全不同的方式运作。他很快发现，一个没有经理和没有团队领导，由 10 到 12 名护士自行组成的自组织团队，最能够提供卓越的护理服务，同时能为护士缔造极佳的工作环境。

### 现在对医疗护理有着完全不同的看法

病人和护士有良好的互动关系时，护理工作往往会促成小奇迹。倘若将机械模式的观点套用到护理时，这个奇迹就永远不会发生。Jos相信，当病人认为护士很专业并对他们保持信任时，就会产生最好的护理。给他们自由，他们就会提供非常好的护理。

## 坐下来喝杯咖啡是博组客的护士和新病人见面时做的第一件事

护士经常会帮助病人建立一个相互支援的网络，让他们少一些孤独感，以此提高其生活的独立性。例如他们经常帮助老年病人及其子女学习如何在对方生病时为其提供帮助。

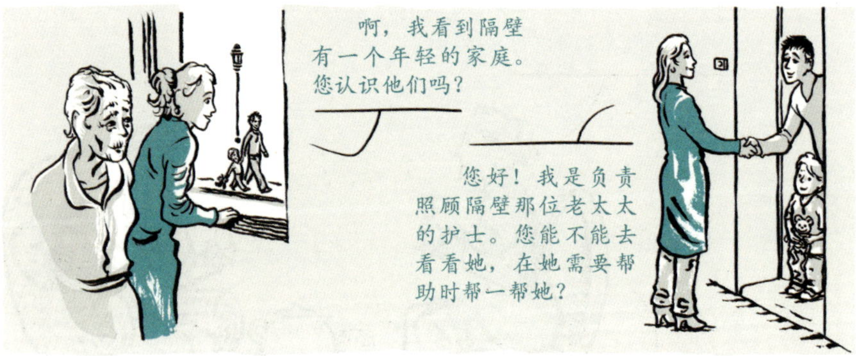


护士帮助老人与邻居互相认识，以此建立一个支援网络，这种事情其实并不罕见。护士与老人之间的关怀程度和亲密程度可能非常深厚。他们经常为伴多年，甚至有时候护士会陪伴老人在生命的最后一刻平静地离开。

# 博组客已经成为一个让人喝彩的成功故事

老人和护士都非常喜欢博组客，以至于护士们纷纷离开了传统的护理公司。每个月博组客都会收到数百份想要跳槽来此工作的简历申请。博组客现有护士 9000 多名，占荷兰所有社区护士的三分之二！这 9000 多名护士全部分成小团队工作，一个团队 10 至 12 人，当中没有领导，也没有上级管理人员。每个护士都会长期负责指定的病人。令人颇为惊讶的是，这个 9000 多人组成的公司，其总部只有 28 名管理人员。

噢，那真是太好了。一位会花时间坐下来喝咖啡聊聊天的护士…
但我们活在一个没有时间做这些的世界里！时间就是金钱呀！！我们承担不起！
好吧，你一定会这么想。但这里有一条特别的消息：博组客的收益与医疗效益打破了过往的纪录，而且是以一种很稳健的方式打破纪录的。

几年前，安永公司（Ernst & Young）的一项研究[9]发现，博组客护理病人所用的时间不到医生建议护理时间的40%。
因为他们现在不是花时间在制定一个疯狂的时间表，而是在尽可能地帮助老人恢复自理的能力。
急诊室因而避开了30%紧急入院治疗的需要。
我们非常了解自己的客户，以致我们可以在早期发现问题。
博组客每年为荷兰的社会保障体系节省数亿欧元的费用。
我们有员工正努力把同样的原则应用在精神病护理、青少年护理和其他领域。世界各地的护士们正在他们自己的国家建立类似的组织。

## 对于众多重塑管理的非凡先驱者们来说，博组客只是其中之一。

**博组客**

荷兰家庭护理组织，员工9000人，非营利组织

**RHD**

美国人力服务组织，员工4000人，非营利组织

**升旭液压（Sun Hydraulics）**

液压阀及歧管制造商，全球员工900人，营利组织

**海利根菲尔德（Heiligenfeld）**

德国精神卫生医院网络，员工600人，营利组织

**晨星公司（Morning Star）**

美国加利福尼亚州番茄种植、运输及加工公司，员工400—2400人，营利组织

**合弄制（Holacracy）**

全球许多组织都在使用的开放自组织“操作系统”

**FAVI**

法国黄铜铸造厂、汽车供应商，员工500人，营利组织

**ESBZ**

德国柏林公立7-13年级学校，教师、学生、家长共1500人，非营利组织

**巴塔哥尼亚（Patagonia）**

美国户外服装制造商、零售商，员工1350人，营利组织

**AES**

全球电力生产商、分销商，全球员工40000人（2001年），营利组织

**BSO/Origin**

信息技术服务商，全球员工10000人（1996年），营利组织

**雅音公司（Sounds True）**

美国多媒体出版公司，员工90人（狗20只），营利组织

## 来自非常不同的行业，以及非常不同的地区……但它们偏偏不是那些常被标榜的企业

上一页是对 12 家公司的概述，我对它们进行了深入的研究和调研，它们已经在很大程度上根据青色原则和实践开展经营。它们不是一些管理文章里经常提到的像谷歌（Google）、苹果（Apple）或脸书（Facebook）那样的公司。我研究的这些组织没有乒乓球台或是寿司吧，但它们的管理实践却与众不同。

我发现很重要的一点是，在这 12 个组织中，既有非营利组织，又有营利组织；既有蓝领，也有白领；它们来自不同行业，从制造业、电力能源、食品加工到医疗保健和教育，什么都有。看来这种新的管理范式真的适用于各个领域。同样值得注意的是，一些组织从一开始就是以青色观点创立的，而另一些组织在新的领导层做出改变之前一直采用传统的管理实践。

经常有人会问我这个问题："我想知道这在我的国家是否可行？"在我调研的公司中，一些是欧洲公司，一些是美国公司，还有些甚至是全球性的。我认为这些管理实践适用于各种文化背景下的组织，因为它们可以挖掘人类的基本需求、渴望和潜能。

# 将企业组织重塑为一个有机的生态系统

橙色将组织视为一台机器，绿色将其比喻为家庭。而为了写这本书，我研究了一些青色组织，它们的创始人明确提到需要一个新的隐喻。显然地，将组织看作机器让人感觉十分沉重，且毫无生命力，人们不仅仅是组织结构上的齿轮。从青色的角度来看，用家庭来比喻也让人感觉怪怪的。众所周知，家庭也可能会或轻或重地出现种种的功能失调。让我们认真想一想这个比喻：假如我是你的老板，而你向我汇报，这是否就意味着我是父亲，而你是孩子呢？

青色组织的创始人们使用了一个截然不同的隐喻：他们常常不约而同地将他们的组织称为有机的生命体或活性的系统。将物种进化的智慧作为向导，一个活性的生命体，与其生态系统交织着美丽而迷人的互动，使其朝向更完整、更复杂、更有意识的方向发展。在自组织机制内的每一个细胞和有机体将每时每刻地涌动，使自然界的变化每时每刻地发生，且这一切无须中央的指令与监控。

这个隐喻开辟了新的视野。想象一下：如果我们不再把这些组织设计成没有灵魂的机器，它们会变成什么样？如果我们把它们看作活性的生命体，如果我们让它们在生态本身的进化力量推动下运作前行，那么这些组织可以取得怎样的成就？在这些组织中协作的你我，又会是怎样的感觉和状态？

**青色组织所伴随的三项突破，从本质上挑战着我们已知的管理模式。**

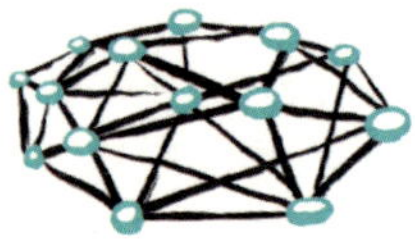

### 自主管理

青色组织已经找到了它们的结构，从科层式、官僚的金字塔式管理，升级为强大而流动的分布式权力以及集体智慧系统支持下的结构。

### 身心整合

组织往往都是鼓励人们只戴着一副狭义的“专业”面孔于人前。青色组织邀请人们展现内在的、身心的完整性，用自己的“全人”去工作。

### 持续进化的使命

青色组织被视为富生命力且具有自己的方向感。组织成员被邀请去聆听及理解组织想成为什么样子，以及想要服务于怎样的宗旨，而不再是企图预测和控制未来。

## 三大突破彼此互为因果，相互促进……

……公司不一定要同时完整具备所有三个突破。在我研究的12个组织中，博组客可能是各方面最先进的一个。另一方面，我们即将看到的晨星公司，像这类公司，虽然已经将自主管理的突破推向了极致，但对身心整合和使命持续进化的认识却有所欠缺。从许多方面来看，这是一个好消息：这让那些想要实现组织转型的领导人的任务变得不那么艰巨和难以实现。通常情况下，很多目前正在进行转型的公司和非营利组织会把重点放在对员工们来说最重要的一个突破上，至少在一开始会这么做。

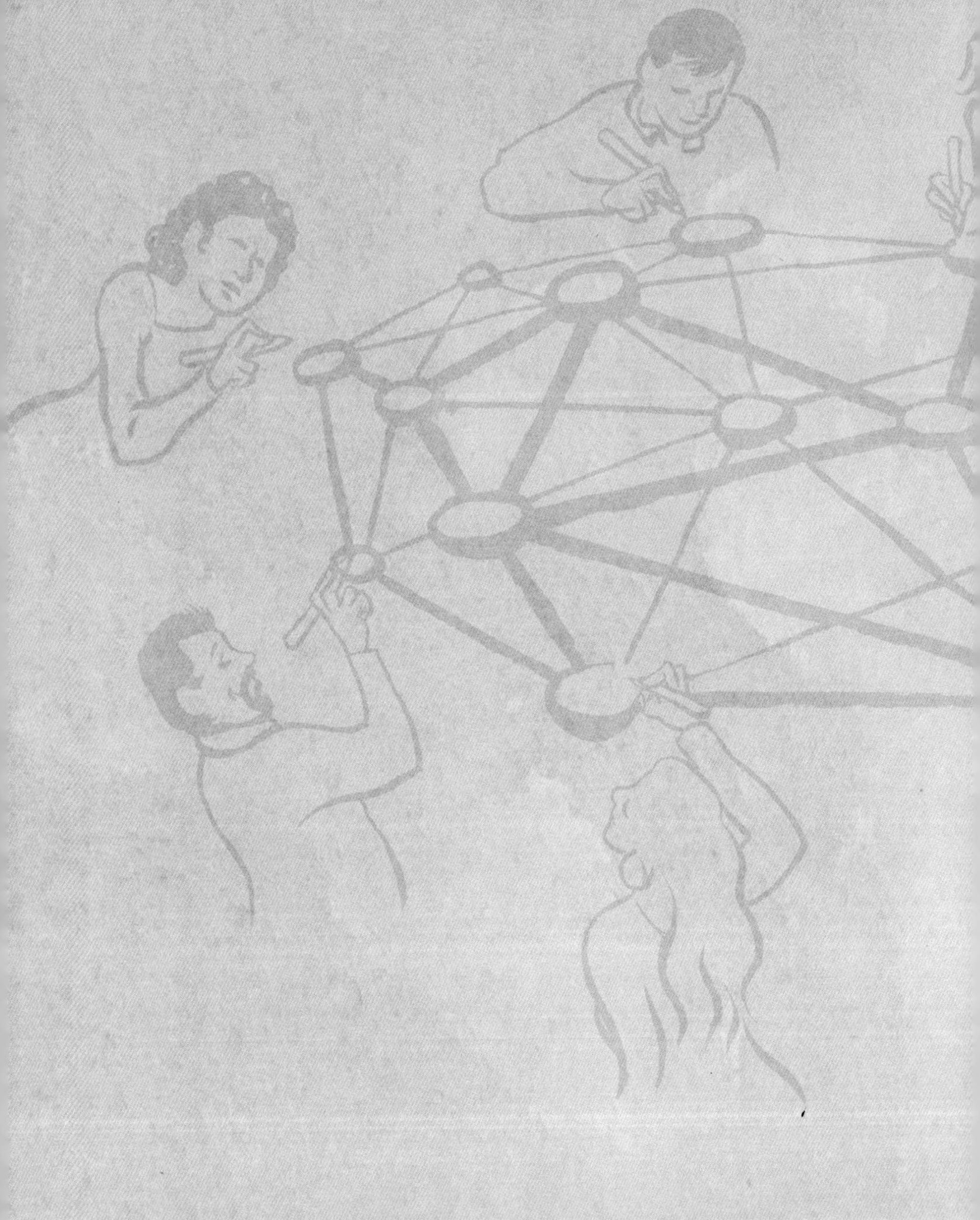

# 突破一
# 自主管理

我们曾经对金字塔模式和科层制结构深信不疑。

而现在我们知道如何建立更有威力且更敏捷调适的分权系统。

## 请做好心理准备来迎接这句话：博组客有 9000 多名员工，却完全没有任何形式的上司

不仅博组客如此，还有一些非常成功的大型组织，它们都完全没有使用大家再熟悉不过的金字塔层级，也不再有任何管理人员。我知道这听起来可能很离经叛道。这真的可能吗？曾经有过一阵子我很难理解整件事。说实话，开始研究时，我完全没想到是这样的。我以为我只会找到层级较少的“授权赋能”式组织。但完全没有管理层？起初我自己也觉得不可能。

这是因为我们过往的成长背景和经验判断，和大多数人一样，认为四五个人的团队没有老板是可能的。但再大的团队——至少我一度认为——也是需要结构、需要老板，总归需要有人来做主吧！现在我明白了。事实是，尽管大型团体需要结构和协调机制，但没有老板的话，它们的运作会更好！世界变得越来越复杂，乃至我们无法继续使用延续了数千年的金字塔结构了。

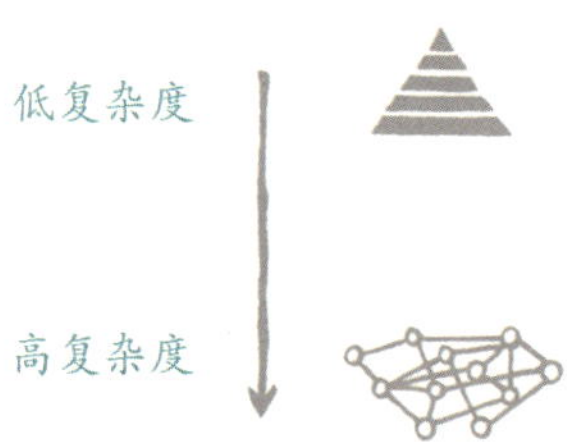


在外部环境处于复杂性较低的状态时，金字塔式的层级结构还是非常有效的。金字塔顶层的少数人能够看见并理解这些复杂性并做出理性正确的判断和决定。

当外部环境处于复杂性较高的状态时，金字塔结构极有可能崩溃。顶层的少数领导者无论有多聪明，都再也无法全面实时地了解所有的复杂关系，并做出所有正确的判断。

# 科层结构早已无法应对现今时代的复杂性

CEO和高层领导者无可救药地超负荷工作已经成为今天的一种常态。任何需要一定协调和长远考虑的决定都必须经过他们的同意，因为在金字塔型的组织中，汇报线只会在顶层相交。依据少量的事实和证据做决定常常让他们感到不安和担忧。但像装配线上的工人一样，他们必须以某种方式做出决定，而这又决定了下一个决定……否则公司决策的“装配线”就会停止运转。

无奈和讽刺的是，高层领导者的时间非常宝贵，以至于下面的人为了和高级管理者交流30分钟，常常要花好几个星期的时间来准备。许多重要的决定实际上从来没有机会和高层交流过，当然也不会为此而做出任何决策。至于其他的决策，也可能出于政治原因或高层领导者根本没有时间真正了解某个领域到底发生了什么事，高层的决策事实上是很糟糕的，甚至是灾难性的。在这个复杂的世界里，金字塔变成了瓶颈。即使高层管理人员投入再多时间也无法阻止这个体系的失效，这是一个再多时间也无法解决的结构性问题。那么还有什么选择呢？

有趣的是，另一种选择近在眼前。世界上存在着许多复杂的系统，它们的运作都是以分布式权力的结构为基础，去中心化自组织管理。从来没有一个系统是以金字塔的科层结构的方式来运作的，因为这样的科层结构总是在复杂性系统面前崩溃。

## 全球经济？这对“中央计划委员会”来说太复杂了！

全球经济是一个非常复杂的系统——数以百万计的公司，数十亿消费者，每天都在做出数以万亿计的选择。它有结构和协调机制，但没有老板。然而，我们坚持认为在组织中，我们仍需这样的“中央委员会”（我们称之为执行委员会或高管团队）。

## 人类的大脑有850亿个细胞，没有“中央执行委员会”，没有中层管理者

再举一个例子：我们的大脑。它拥有850亿个细胞，以及数以倍计的连接。它有结构，有协调机制，但就是没有老板。想象有一个细胞说：“我是CEO。任何重要的思想都必须经过我的批准，还要经过我选择成为我的执行委员会的六个细胞的批准。”大脑系统太复杂了，不可能以金字塔的模式运作。倘若我们这么做，它就会马上停止运作。

## 鸟群中的鸟儿不会互相碰到彼此

一个鸟群中可能会有数十万只鸟同时高速飞行。当捕食者出现时，整个密集的鸟群会在眨眼间改变方向。它们是如何避免大规模碰撞的？这几乎是一个奇迹。科层结构和集中决策永远无法达到这种速度和复杂性。协调性蕴含在所有鸟类都遵守的三条规则之中。[10]是协调机制，而不是科层结构，使鸟群保持敏捷性和安全性。

## 以森林为例的生态系统，想象用层级结构来运行它

再举一个例子：森林是一个非常复杂的系统，有数十亿生物，从微生物到巨大的树木。整个系统以非常强大的方式合作。让我们想象一下，假如冬天来得很早，整个生态系统将在物种复杂而又神奇的相互作用下立即适应。现在再想一下，如果用传统的金字塔结构来应对这种情况。最大的那棵树——就是 CEO——它会告诉每个生物要坚持下去，直到它和执行委员会的树同事们想出一个计划。这个计划一准备好，就会通过级联的方式进行沟通，直到指示传达到最后一只蠕虫、昆虫和细菌。但到那个时候，可能春天已经来了！

## 这里有个好消息：我们现在知道了如何在没有权力科层结构的情况下运行大型的组织

博组客今天有超过 9000 名员工，没有任何管理人员，也没有老板。还有一些其他的组织也在以类似的方式运作。它们已经找到了那些能让自然界中真正复杂系统运作的原则，并使之运用到工作场所中。我们现在知道这是怎么回事了。同时我也注意到，只要我谈到自主管理，就会造成各种误解。我们经常努力地想将旧想法投射到新事物上来进行理解。因此，在进一步讨论之前，我们先试着厘清一些误解。

### 误解 #1

许多人认为自主管理意味着没有结构，一切都是随意的、混乱的。这里的误解是“没有老板 = 任何人想干什么就干什么”。但事实并非如此。就像自然界一样，自主管理也有结构和协调机制。人们扮演着哪个明确的角色、如何决策、如何处理冲突等都有一套全新的体系流程来支撑。

### 误解 #2

一个常见的误解是，“自主管理 = 共识决策 = 无休止的讨论会议”。放心，情况并非如此。自主管理型组织的决策机制比共识决策更简单、更具威力。实际上，自主管理的会议比现行的工作场所中要少得多了。

### 误解 #3

另一个误解是，自主管理仍然处于实验阶段，没有得到证实。但事实是，这样的组织的确存在着，比如 Gore-Tex 的制造商 W. L. Gore，番茄加工企业晨星公司，以及几十年来一直以自主管理的方式运作的其他组织。它们经受住了经济繁荣和萧条的考验，并且已经被证明适应力极强——仿如生态系统一样。事实上，它们比大多数传统组织的适应力更强。

# 自主管理要求我们对几乎所有的基础管理实践进行升级

早期自主管理的尝试往往因为人们喜欢走捷径而失败。他们只是说他们不想要的：让我们摆脱科层制度和老板吧！于是丢掉了公司的中坚力量，却没有同时建立新的结构。结果是权力真空和混乱。想让自主管理正常运作，只干掉层级架构是远远不够的。我们需要建立一个分布式权力的体系，而这几乎要求我们升级所有现行的管理实践和架构！

也因此带来了很多新的疑问。什么样的结构才能取代金字塔？谁来进行决策？决策什么？如何决策？谁来决定谁该加薪？我们是否仍然需要预算和目标？谁能看到什么信息？这些都是非常实际而且需要具体回答的问题。好消息是，有足够多成功的自主管理组织可以让我们知道如何解决这些问题。这些问题我们几乎能从不同面向找到答案。下面列出的，都是我认为需要升级的最重要的管理实践和架构。

- 组织结构
- 预算
- 员工职能
- 目标
- 信息流
- 绩效管理
- 决策制定
- 薪酬与激励
- 会议架构
- 冲突管理
- 项目管理
- 危机管理
- 投资
- 解雇

# 组织结构

## 在很长一段时间里，我们一直认为我们需要一个金字塔式的科层结构来组织人类的活动

科层结构为大型组织带来秩序和稳定性。但我们周围的种种迹象表明，金字塔结构很难适应当今世界的复杂性。我们需要升级到可以将权力分布的组织结构。

那么，像博组客这样的组织有着怎样的结构呢？其核心是由 10 至 12 名护士组成的自主管理团队。今天在荷兰有 800 个这样的团队。团队中没有领导者，管理任务由所有护士承担。例如，一个人处理周末计划，另一个人负责招聘，还有三分之一的人负责与当地医院的联系等等。

在团队之上，再没有管理人员了。一个地区每 40 到 50 个团队会配有一名区域教练，当团队需要帮助来解决问题时，可以给他打电话。但区域教练对团队没有控制权，也没有任何要达成的目标或盈亏责任，只是在那里帮忙而已。不过他的角色很重要。自主管理并非易事，当团队陷入困境时，他们很高兴能够在区域指导的帮助下得到协助。

至于总部？总部只有 28 个人一起工作，主要从事与荷兰社会保障体系接洽等行政任务。他们是真正的“支持职能”，不能像以前一样从高层强加程序或指导方针。除此之外，没有执行委员会，也没有您通常以为会有的人力资源、财务、销售或市场营销等“部门主管”的角色。整体结构是超乎想象的简单。

# 这里还有一个例子：一个结构几乎和博组客一模一样的汽车供应商

自主管理已经在许多行业中得到了证明。一些非常成功的工厂就是以这种方式在运作的。其中之一就是 FAVI，它是法国北部一家 500 人的黄铜铸造厂，为汽车行业生产变速箱叉。工厂成立于 20 世纪 50 年代，并以传统方式运营了数十年：工厂有一位 CEO，一个执行委员会（包括销售、人力资源、财务、工程、维护，等等），一位生产主管负责管理服务主管，服务主管负责管理车间主管，车间主管负责管理团队主管，团队主管负责指挥工人！

1983 年，这家公司任命了一位新的 CEO。Jean-François Zobrist，一位特立独行且具有超凡魅力的前伞兵，他让 FAVI 发生了天翻地覆的变化。今天，FAVI 的运营方式与博组客非常相似。这里有 13 个自主管理的“迷你工厂”。大多数迷你工厂都是为特定的客户服务，分为沃尔沃团队、大众团队、奥迪团队等等，以及一些上游生产团队（铸造团队、模具维修团队）和支持团队（工程团队、销售支持团队等）。团队之上没有管理层，也没有执行委员会、“CEO”（更多关于“CEO”这一角色的内容——我故意加了引号——见本书第 3 部分）。

FAVI 取得了非凡的商业成果。当其所有竞争对手纷纷转移到中国以降低劳动力成本，FAVI 非但是唯一坚持留在欧洲进行生产的工厂，同时它的产品仍占有 50% 的市场份额。它的产品质量好得惊人，交货准时性也做到了独一无二：25 年来没有发生过订单出货的延误。FAVI 的利润空间极高，尽管有来自中国的企业的竞争，但多数时候员工通过分红都可以获得 16 至 17 个月的薪水。这里几乎不存在人员流失；体验过 FAVI 工作方式的员工们，都不愿再回到传统的工厂去。

## 订单的处理可能最能说明自主管理是如何改变 FAVI 的

FAVI 的传统运作方式是这样的：销售经理收到客户订单后，要求销售支持人员将订单输入系统。

计划部向销售人员发送预计出货日期，并在总体规划中分配出所需的机器运转时间。

生产前一天，调度部门对每台机器生产什么产品进行详细规划。

根据时间表，人力资源部再给各个机器分配员工。

员工只需要来上班然后让干什么就干什么。他们不知道订货单是满的还是空的，也不知道自己是在为哪位客户生产什么东西。

这个零散的过程是一个黑盒子，对销售经理和员工来说是一样的。如果订单迟了，就很难解释到底哪里出了问题。

## 今天，FAVI 的流程要简单得多

每周销售人员（比如说这次是来自奥迪的迷你工厂）都会与他的队友见一次面，分享该周的订单。订单量大的时候，大家一起高兴；量少时伙伴们也会感到失落并会彼此安慰。交货计划都是在现场制订，而且团队会就发货日期达成共识。有时候，销售人员也有其他消息要分享：中国竞争对手的报价非常低，我们能降到同样的水平吗？所有人集思广益，思考是否可以将加工过程再减少几分钟。成员们没有（也不需要）目标或老板。他们直接面对客户和竞争对手，并且知道自己的工作取决于能否做好手头的事情，能否做出明智的决定。他们为自己的工作和自我管理的能力感到自豪。

# 决策制定

我们一直相信的决策方式大致可以分为以下三种。只可惜，没有一种在组织中表现得特别好。

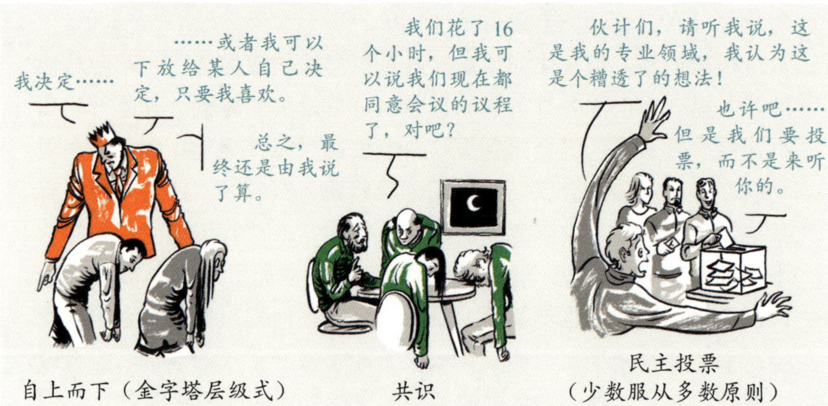


## 建议流程：支撑自主管理的关键创新

我觉得特别棒的是，已经有好几个组织各自都发现了一种更好的自家决策机制。一家公司称其为“建议流程”，这个名称很好地体现了它的本质[11]。其原则是任何人都可以做出任何决定，包括如何使用公司的钱。但首先这个人必须征求以下这些人的建议：（1）对该主题有专业知识的人；（2）会受该决定直接影响且要与该决定持续共处的人。

决策者必须认真考虑所有的建议。但是目标不是做出折中的妥协。经过深思熟虑，决策者会选择他认为最好的行动方案，即使这意味着将要违背某位同事的某条建议。

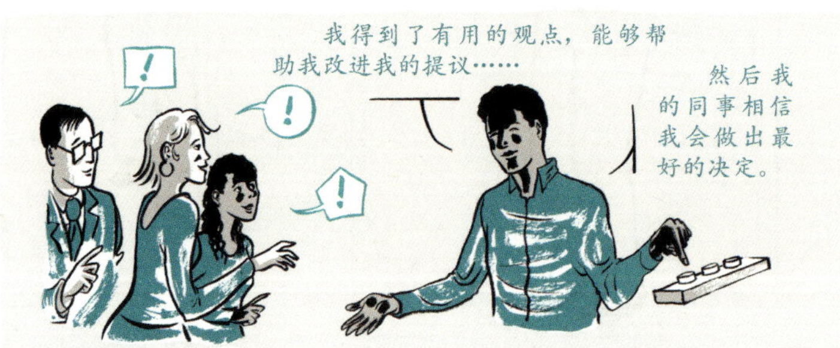

实际上，建议流程非常有效。任何对某个问题或可能性有强烈关注感的人都“有权力”为此做点事情。与此同时，由于兼顾到为此做出贡献的每一个人的想法，因此每一个决策都是集体智慧的结晶。

也许你想知道：这真的管用吗？人们真的有去寻找建议吗？他们真的会听取吗？怎样才能避免人们貌似听取了意见，但却只是为做自己一直最想要的决定呢？人们非常重视建议流程的原因在于：他们始终处于“施”与“受”的闭环里。想象一下，某天早上你给同事提了一个建议，你当然希望他能认真考虑。然后那天晚些时候，当这名同事找到你，并针对另一个话题给你建议时，你很难拒绝他的建议。每个人都身处“建议的网络”中。在这些工作场所中，如果你行事鲁莽，那么你的同事们会很快让你知道你的行为是不可接受的。

有了建议流程，就不再需要科层结构了，也无须寻求批准或者把决策权交给上级。再也不需要努力地在某个委员会的议程上插进自己关心的主题，也不需要玩弄权术了。

## 举个例子
## 员工自己就可以决定购买一台新的机器

当需要新机器时，一名机器操作员就可以站出来促进整个决策过程。他可以制定一份规格清单并与机器供应商协商。但自始至终，他在做出任何决定之前，必须咨询专业人士，咨询那些会受到相当影响的人。

我和财务总监 Jayla 一起讨论，她帮我审视了我的测算数据，并从财务角度给了我一些建议。Janet 则在谈判方面有很丰富的专业知识，我在她那里也学到了很多东西。

当然，我也一直和我一起操作机器的同事进行了多次的咨询。

有了这些来自各个方面的观点，我认为我做出的决定是正确的。

我们都对这台新机器感到非常兴奋！想到以前，购买什么机器是由一位工程师和一位采购员决定，只有等到机器安装好我们才会发现这台机器。那就难怪我们不情愿使用它了。

## 决定越重大，就越需要向更多的人征求建议

与你工作有关的小决定，你自己去做就好了。如果这个决定较为重要，你可能需要找相关同事咨询一下，或者发一封电子邮件。通常情况下，如果团队中的每个人都关心某一个问题，团队会议将是快速获得建议的好方法。例如，为了做出更重要的决定（例如购买机器），在此过程中你可能会在必要的时候安排一次临时会议。

那么，那些会影响到组织中每个人的决定呢？这就必须咨询到每个人！在一个大型组织中这怎么可能？让我们设想一下，出于某种原因，博组客需要更改计算加班的方式，这会影响到全部的9000名护士。Jos de Blok找到了一个简单而有效的方法去解决这一问题。他通过在博客上发布帖子来收集建议。他经常在晚上十点钟坐在家里的沙发上写博文。他会分享公司可能的发展方向、认为需要做出的决定，或者是分享让人对博组客有一份身份认同的简单故事。这些帖子都是由心的、不带任何润饰的直抒己见。

当他想要做出一个会影响到所有护士的决定时，他就在博文中分享自己的提议和背后的想法，让他们对此做出回应。第二天，数千名护士趁着往返于两个客户之间的空闲时间，登录并阅读这篇帖子。它收到了数十条，有时甚至数百条反馈。然后他们就会表态同意或是不同意。大多数情况下，那些反馈表明护士都会同意Jos的提议。在帖子发出24小时之后，Jos会在晚上坐到沙发上，再次发帖对该决定予以确认。

然而，有时候也会出现意见相左的情况。护士们从自己的角度发表意见，Jos 此时了解到事情要较设想的复杂得多了。在这种情况下，当 Jos 晚上再次坐在沙发上时，他只是写了另一条信息，实际上是说："哎呀，你说得对。我的提议还不够深思熟虑。"然后，他要么更新他的提议，把收到的建议整合起来；或者如果事情真的很复杂，他便提议组建一个志愿者工作组一起研究，并提出一个可行的提议。这种借助于博客帖子的领导方式，需要一定程度的信任、坦诚和容许脆弱，而传统公司的首席执行官们很少会喜欢这样。一旦发了帖子，就不再回头。现在所有人都能看到批评性的点评和反对之声，它们既不能被删掉，也难以被忽视。那些议题会怎样被讨论也不在 CEO 的控制范围之内。

但想想这么做的好处！这个过程的效率之高让我惊叹：他们能以 24 小时作为决策的周期。而且这些决定已经得到整个组织支持，立马可以付诸实施！

现在让我们来对比一下一个传统组织会如何决定关于加班费计算方式的改变。

CEO会要求人力资源主管给出提议。

人力资源主管将委派人力资源团队的一名初级成员写出草案。

几天后，两人开会审查提案草案。人力资源主管极有可能会给一些评论，他们可能会开第二次甚至是第三次会。

然后会在执行委员会会议上讨论该提案。也许会有玩弄权术的情况。有人想显示自己很聪明，于是坚持要考量一些其他选择。

然后人力资源主管又重新与初级成员一起拟订草案。

两周后，在第二次执行委员会会议上，该提案终于获得通过。

现在，轮到了内部沟通部门一个负责润色文件的人……

太多太多会议了！但这就是我们今天如何把任务搞定的方式。或许现在你能理解，当我听到人们跟我说“但建议流程一定得花费很多时间”，为何我总会报以微微一笑。在现实中，它往往是所向披靡的高效。决策因为出现了有见地的不同想法，并且得到了整合和优化，因而质量通常也较过往的要高得多。每一个决定都汇集了群体的智慧。不知道你是否注意到：在人力资源主管被要求给出提议的例子中，没有人咨询过基层员工。这个决定很可能最后被证明是行不通的。但当人们发现时，已经太迟了，修正决定需要一个漫长而痛苦的过程。

## 薪酬与激励

### 没必要搞得那么繁复

人们经常问的第一个问题就是：如果没有老板，谁来决定谁赚了多少钱？谁来决定谁能加薪或者能拿到丰厚的奖金？

说到奖金，有一个有趣的发现：我研究的组织中没有一个主张个人或团队奖励。例如，在FAVI，没有人得到奖金激励，甚至销售人员也没有。实际上，FAVI 的销售人员甚至没有指标。写到这里，我意识到现在我可能失去了部分读者：销售人员没有指标，没有丰厚的奖金激励，这是真的吗？但想想看，FAVI 的销售人员，从奥迪团队到沃尔沃团队，每周都会和他的同事们见面，告诉他们本周的订单。他看到当订单大的时候，每个人都会欢呼；当订单很小的时候，大家也会感到失望并彼此鼓励。

同事的收入全靠健康的订单量来保障。所以他还需要怎样的激励呢？从青色的视角来看，人们会因为你在他们面前挂了根胡萝卜来引诱他们努力工作，而觉得这简直是一种侮辱。如果一个人没有动力去做一些有意义的工作，就已经代表这是个问题了。我们应好好来讨论一下，到底是什么阻碍了这个人的内在动力。然而今天在许多工作场所中，我们只是接受了大多数人都没有动力并视之为事实，然后试图通过承诺一笔巨额奖金来收买他们（尽管研究表明奖金一点儿用也没有，甚至会适得其反）。[12]

我所研究的许多组织并没有发放奖金，而是在利润丰厚的时候将部分利润与每个人分享。我已经提到过，比如在 FAVI，多数时候机器操作员将获得相当于 15 或 16 个月的工资，这都归功于公司的利润分享计划。

但是基本工资呢？比如，谁来决定谁应该加薪？加利福尼亚州晨星公司的程序是我见过的最优雅的。在我研究的所有公司中，晨星公司发展了一套有效自主管理所需要的程序，而这方面很可能是在青色组织案例中做得最好的一家。1970 年，一个名叫 Chris Rufer 的人悄无声息地成立了这家公司，租了一辆卡车运送番茄。而今天，Rufer 领导的公司已经是一个番茄王国了：晨星公司采摘番茄，经营 200 辆卡车的运输业务，并已成为世界上最大的番茄加工公司。它运营着三家最先进的加工厂，美国市场上 30% 到 40% 的番茄酱和切丁西红柿都在此生产。如果你去过美国，而且不对意大利面酱、番茄酱或比萨过敏，那么你使用到晨星公司产品的次数很可能会比你知道的更频繁。虽然属于大宗商品行业，但这家公司盈利能力却很强。Chris Rufer 已能够主要依靠现金流量来为增长提供资金支持，并且仍然是公司业务 100% 的所有者。晨星公司进行了许多技术创新，但其成功还是要归功于自主管理模式。

在晨星公司，加薪是自发的。如果你在那里工作，你每年会写一次信，在信中说明你认为你应该加多少薪。你还会与你所在地区愿意加入今年的薪酬小组的同事进行讨论，他们会对此提出建议。

我们实际上是超乎自己想象地擅长估计自己的价值。在晨星公司，每年只有四分之一的员工会加薪，而四分之三左右的员工则仅仅得到生活费的增加。有时候薪酬小组会说员工们太谦虚了——确实发生过这种情况。也有少数情况下，薪酬小组告诉一些员工他们可能要求太高了。这个时候，薪酬小组无权强制其接受建议。但是，如果一个人的要求真的看起来不合理，薪酬小组可以额外增加一个步骤——冲突解决机制，创造出寻找适合每个人的解决方案的空间。

这个建议流程的特别之处在于，它极大地减少了策略制定、讨价还价和抱怨薪酬的情况。你认为你的薪水太低了？那就提出提案，看看会发生什么。在晨星公司，薪水并不是人们会浪费很多时间讨论的东西。和许多其他的做法一样，自主管理组织对薪酬处理的方式促使人们成熟起来。上下级关系往往会让我们表现得像父母管束孩子一样：反叛的下属不停地抱怨，老板则为下属的不成熟感到恼火。

# 绩效管理

## 是什么让人们不会轻易地偷懒？

今天很难在组织内找到真正积极主动工作的人了。

你不得不让主管持续施压！

在传统组织中，领导者的角色是负责向系统施加压力，促使下属做得更多、做得更快。那么当这种压力消失时，人们会不会轻易就开始怠惰？许多自主管理的组织则发现情况正好相反，这听起来可能有些奇怪。例如在博组客，人们需要帮助彼此建立合理的工作量，而不是过度工作。这里发生了什么事？没有老板的情况下，人怎么会不偷懒？简单地说，答案就是：内在驱动力，辅以同侪良性竞争的砥砺和市场的需求。

在大多数工作场所，人们的动力都在衰减中，虽说缓慢但却是必然的。年轻的员工通常精力充沛、思想活跃，但是，他们的想法一次又一次迷失在公司的决策过程中，同时还不断地要求他们要遵守金字塔顶端一些荒谬的决策。这时他们勉强接受，然后说："不如你直接告诉我你想要什么，我做给你就好了。"当人们无法展示自己的才能时，他们身上的某些东西就会消亡或被耗损。但这是可以逆转的：加入博组客的员工们经常说他们觉得自己通过某种方式找到了新的生活。在一天结束的时候，我们所有人都非常开心，因为我们做的事情很棒，而不是很糟糕。当没有东西阻碍我们的内在动力时，我们会干劲十足！

同侪的良性竞争也很重要。在博组客，团队之间每个月都就生产时间方面进行对比。[13] 这些信息是公开的。当一个团队在名单上垫底时，他们的抗体（或者称为尊严感）就会发挥作用：总会有一个团队成员召集团队会议来讨论这种情况。当团队里有人工作不尽心时也会如此：总会有其他成员在某一时刻提出这个问题。你可以逃过老板的眼睛，但想逃过身边每位同事的眼睛却很难。

然后是市场需求。还记得 FAVI 的变化是如何让员工与客户进行更密切的联系吗？每周，员工们都会知道他们的迷你工厂收到多少订单。这些信息都是完全透明的，并且员工们知道如果他们犯了错误，中国的竞争对手们会很乐意接手。现实是一种比科层的监督更强大的动力。

# 拿掉以权力为本的科层架构 = 容许更多自然而然的层递关系！

关于自主管理，我最后想多说一句来帮助大家放下另一个常见的误解：不再有人（通常是老板）有权力雇用和解雇你，决定你的薪酬应是多少，或决定你的想法是否可以实施。是的，在自主管理的组织中，的确不再有权力上的层级之分，但这并不意味着每个人都是平等的。恰恰相反——在没有权力层级的情况下，许多自然而然的、健康的等级才能涌现出来。

我们以博组客为例。不管哪一方面，护士们基于自己的专业知识、兴趣或意愿介入，总有一些人会做出更大的贡献。一位护士可能在同事们眼中是非常优秀的倾听者和教练，一位可能是一个出色的策划者和组织者，另一位可能是神秘医疗的活百科，还有一位可能十分擅长处理团队内部或病人家属之间的冲突纠纷。一些护士的声誉和影响力远远超出了他们的团队，全国各地这一领域的护士都会来咨询他们。因为没有团队管理人员，所以此空间可以用于容许更多自然流动的层递关系的形成——如被认可的程度、影响力和技能等的自然排序。

重点是，这并不是要求做到人人平等。一些人倾向于将注意力集中在更单一的角色上，比如一个机器操作员专注于某一套机器相关的工作，而其他人可以从更广

泛的方面来贡献自己的能力，比如负责设计全新工厂的一位牵头工程师。但是，工程师对操作员的雇用、解聘、薪酬没有控制权。建议流程的天才之处就在于它将决策和资源灵活地传递给最合适的人：有时工程师会向操作员寻求建议，反之亦然。

全新的组织模式，其目标不是让所有人拥有相同或平等的权力，而是要人尽其才，所有人都有被赋能的感觉。最好的方式是通过自然界的比喻来理解。一棵树旁边的蕨类植物或蘑菇可能长不到树的高度，但那不是重点。蘑菇、蕨类植物和树之所以能达到最茁壮、最健康的状态，是因为在对营养、水分和树荫等的获取方面，它们之间遵循着合作互补为主、竞争为辅的复杂的共生相处方式。

青色组织也是如此：重点不是人人平等，而是让所有成员成长为最强大、最健康，自己最喜欢的模样。

# 突破二
# 身心整合

当我们终于摘下面具，当我们敢于彻底地做回真实的自己，巨大的能量因而得到释放

## 工作中的身心整合

出于某些原因，组织中总是存在着某种微妙的压力，使得几乎每个人都不得不戴上专业的面具来面对彼此。不夸张地说，穿着主教的长袍、行政人员的西服、医生的白大褂以及商店或餐厅的制服，都能看到这一点。制服代表着一个人的职业身份及等级。这也是组织对一个人的要求：当制服穿在身上，你就不再完全属于你自己了；你不是来做自己或是表现自己，而是按照某些预先设定的、被公司接受的方式来行事。

这背后是对于一种长期隐伏着但极为可信的情境产生了恐惧：害怕一旦大家把自己的一切（包括他们的情绪、怪癖、周末穿着的服饰等）都带到工作中来，情况很快就会变得完全失控。长期以来，军队知道如果让人感觉自己随时能被取代，就会更容易控制他们。至于员工们，则会害怕若然把自己的全部都表现出来，会让自己暴露在批评和嘲笑之中，甚至他们表现出来的东西会在某日被用来秋后算账。许多人因而认为，将真实的自我隐藏在专业的形象背后是明哲保身的最好方法。早上整装收拾出门上班的同时，得记住把那个属于真我的部分留在家中。

当我公开谈论这件事时，有时候人们却会跟我说："我不太明白你在说什么。我无论在工作或者在家都是一个样子，没有差别啊！"我会向他们表示祝贺，因为根据我的经验，这是非常罕见的。但我也会告诉他们，我相信我们当中有一些人，他们的面具戴在脸上的时间太久了，以致忘了自己在戴着面具！我们不知道该如何把它摘掉，即便在家里也是如此。

让我来试着解释一下这一点。我们都有一个自我，它是我们的一部分，它想获得成功和他人的认可，想让自己看上去体面，想在会议中赢得争论等等。我们同样还有一个藏得更深的部分，会对生命、对其他人、对这个地球有更深层的渴望与希冀。奇怪的是，在大多数的组织中，我们会很快学到将那个表面的自我展示人前是可以被接受的。在会议上，人们为了自己的观点、自己的仕途或是自己团队的预算而展开攻防敌对，这已经成了一种组织的常态。相反，若想要从更深处的自己来与人相处，几乎不用多久便会感觉到自己好像赤裸裸地暴露在人前，既不安又尴尬。

## 说出真话让我感到危险

想象一下下面的故事：一个创意十足的年轻人，毕业后就马上被招进了一家广告公司（如果你是在银行、医院或学校工作，请按你的工作背景相应调整故事的细节）。在那儿工作一年后，他邀请他的所有同事参加一次内部的聚会，然后向所有人说："请务必出席，因为这对我来说是非常重要的。"

会上，他感谢所有人的到来，并说："我最近有蛮多的反思。我在想：我们到底在干吗？我不得不说我们创造的需求大多是误导性的：他们根本不需要这些产品，但我们却跟他们说这会为人带来快乐与美满。为了创造这种错误的需求，我们告知他们现在的样子并不够好，他们看起来更应该像我们广告中的那些被过度修饰得完美无瑕的模特一样。所有这些都是为了销售那些耗费大量自然资源并污染地球的产品，然后数周或数月后被埋在垃圾堆里。我真的很好奇：这就是我们用生命来干的活吗？"

发起这样的提问是极为勇敢的呀！但我怀疑这个年轻人在广告公司的仕途也不会久远了吧。说真话、表达我们最深切的希冀与渴望都是很危险的……因为许多工作场所本来就是危险之地！我们因此不说出我们看到的真相。更糟糕的是，我们不仅不谈论它——我相信我们经常会按捺住内心的声音，甚至让自己再也听不到这些心声。既然那么多人都在工作场所中玩这种把戏，那我本人不会认为这是因为我们这种物种存在着什么根本性的缺陷。我直接地认为，当我们将自己内心深处的那部分从自己割离时，就只剩下那个表面的自我了。

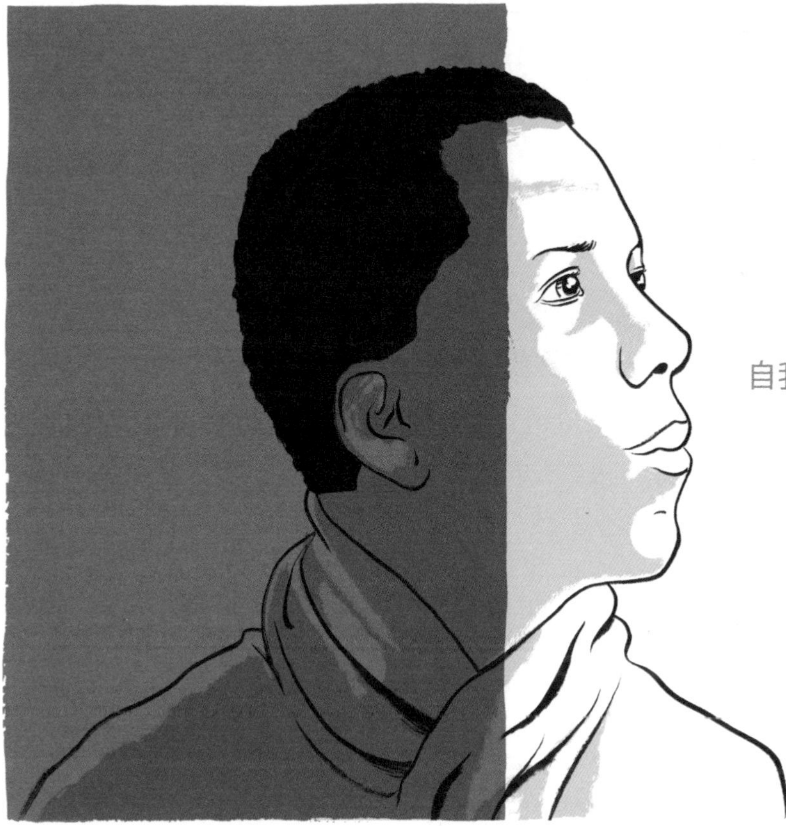

自我

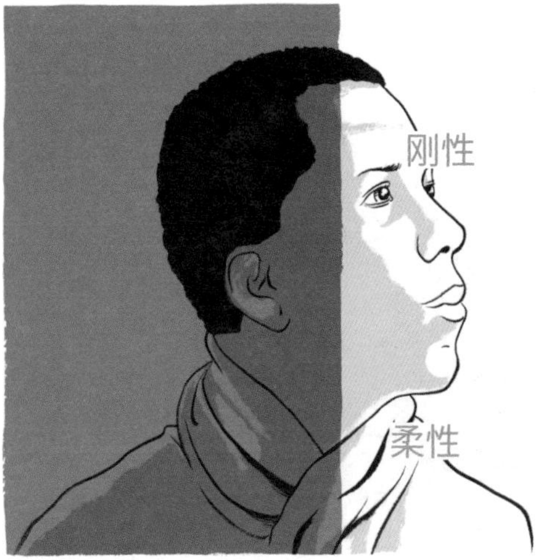


现在让我们再用另一种二分法来进一步探索这一点。无论我们属于哪种性别，我们都拥有阳刚的一面和阴柔的一面。只需要稍稍观察一下，我们很快便会发现在今天大多数的组织中，展现阳刚一面的能量会被深刻肯定：看上去坚定不移、胸有成竹、干劲十足是件好事。我们同时会意识到在职场展示自己柔性的能量（无论我们是男性还是女性）是不会让我们成为赢家的：互相照顾、不断反思、放慢脚步、分享自己的脆弱感觉等等，这些特征永远不会帮助你攀上晋升的梯队，还要经常被冷嘲热讽。所以，我们往往会表现出比实际需要来得更坚持执着，用以隐藏自己的疑虑和脆弱，但同时也失去了与我们本质部分的连接。

# 刚性

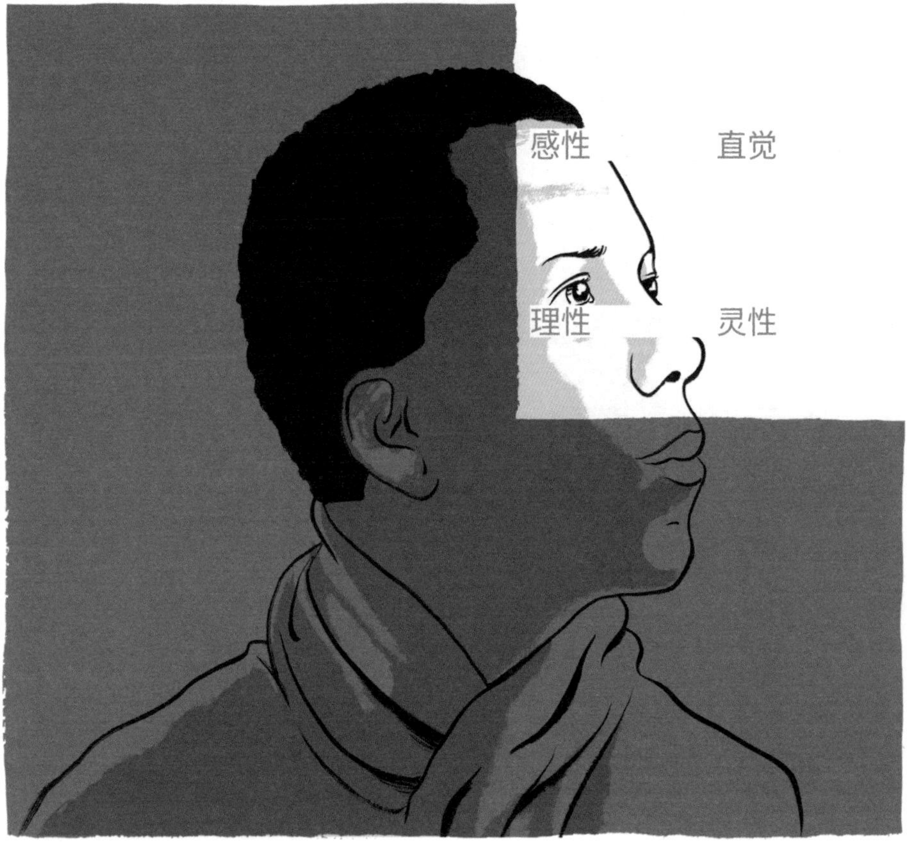


## 我们可以隐藏的可多了！

再举一个例子。我们都有理性的一面、感性的一面、直觉的一面和灵性的一面。在大多数工作场所中，理性的一面总是非常受欢迎的——让我们把证据和数据拿出来吧！那感性呢？好吧，大家别在工作中闹情绪了！直觉的一面呢？你还是最好用事实和数字来说个明白。灵性呢？不！请你千万别在工作中提到“灵性”这两个字！

# 视工作为一个整合身心的地方

在上一页的插图中，那个人只展现了自己的十六分之一。当然，那只是一个插图，但我认为它说明了一个深刻的道理：如果有那么多工作的地方都让人感觉到毫无生气，那可能是因为我们鲜少会为工作注入生命力。

自主管理大幅减少了人们在工作场所遇到的许多微妙的恐惧。如果没有对老板的阿谀奉承，也没有对下属的施压与管控，遗留在组织中大部分的毒素也会自然而然地自动消亡。一些像晨星公司或FAVI 那样的组织会毫不畏惧地实现自主管理。然而在其他的组织中我们发现，即使实施自主管理，与人走在一起仍然不是件容易的事。虽然每个人都有自己的历史与过去，但在他人面前我们常常羞于全然分享真正的自己。

出于这个原因，一些组织已经采纳了一些特别用心的做法，来帮助人们在工作上感觉有足够的安全感来展现自己。事实上，这些做法让我们意外地发现，职场可能是可以发现一些连我们自己都不知道的自我部分的好地方。与他人共事的磨合与纷争也可以带来极棒的契机，让我们可以重新认识自己是谁，领回那些被我们忽视或者被推到阴影中去的自己。

跟着发生的事情可真算是神奇：员工们惊叹地发现，他们所具有的生机比他们想象和期待的多得多。这些工作场所中所带有的活力与生机，是我从未遇见过的。工作成为同事之间互相帮助、展现内心的真实的我、彰显使命的助力，让许多工作场所不愉快和低效的因素都自动消亡了。

我在青色组织中工作的人们那里反复听到的一句话就是："在这里，我可以做回我自己了。"

另外一句非常特别的话，是我从三个不同组织里的人口中听到的："你知道吗，有时候我希望我的家也能像公司那样。"这说明同事之间有一定程度的倾听与关爱，是他们与配偶或孩子在一起时不常有的。

# 这并没有想象中那么困难

大多数实现身心整合的做法其实都非常简单。然而，我们已经习惯了对工作场所神圣不可侵犯的狭隘概念，所以我接下来分享的可能会让你感到很惊讶，甚至不安，立马想要质疑这在工作环境中真的合适吗？故事来自雅音公司（Sounds True），一家位于美国科罗拉多州的公司，通过音频和视频录音、书籍和在线研讨会传播精神导师的教导。以下是雅音公司的做法。

在早期阶段，雅音公司的创始人兼 CEO Tami Simon 时常将她的狗狗带到办公室来。公司业务扩大之后，没过多久一些员工就问他们是否也可以带狗狗来上班。今天，开会的时候有两三只狗狗趴在大家脚边并不稀奇（目前这家公司有 20 只狗伴随着 90 名员工）。员工们注意到，狗狗的出现带来了一些特别的事情。抚摸狗狗能让我们放松，将自己更美好的一面展示出来。而当我们抚摸同事的狗狗，或者同事抚摸我们的狗狗时，则是在不知不觉中建立了密切的关系。将公司的大门敞开不仅是为了让员工们带着狗狗来上班，而是为了让公司更有活力和真情。

户外服装制造商巴塔哥尼亚（Patagonia）也有相类似的故事。在其位于加利福尼亚州凡土拉市的总部，公司为员工子女设置了

“儿童发展中心”，从几个月大的婴儿一直到幼儿园年龄的孩子都可以参加。员工们经常能在办公室听到外面操场上传来的孩子们嬉闹的笑声，这些孩子或是来参观父母上班的地方，或是来和父母以及他们的同事在食堂一起吃午饭。在会议期间看到一位母亲照料她的孩子并不罕见。当大家不单单只把彼此当作普通同事，更是充满爱心、关心孩子的人时，人与人之间的关系会发生微妙而深刻的变化。[14] 当员工们刚刚在午餐时间和孩子们愉快玩耍过，开会时他们就很难再在情绪激动时扑上去掐对方脖子了！

虽然允许狗狗或是孩子进入工作场所并不是什么惊天动地的做法，但是这也非同寻常。有些人会认为，儿童或动物会让我们在工作时分心。我开始相信，我们之所以可能会对此感到不确定其实还有一个更深层次的原因：在工作中让自己藏在专业面具的后面让我们感觉很安全。动物和孩子们神奇地让我们展示出自己充满爱心和乐于助人的一面。坦白说，在同事面前，这可能会让人感到脆弱。但想象一下，不单是你一个人，假如你所有的同事都表现得充满爱心、乐于助人呢？我们会否更享受工作呢？我们的人际关系、我们的生活会否变得更好呢？

## 现有的实践需要重新设计，也需要加入一些新的做法，将有助我们吸引更多人一起实现身心整合

招聘、入职、评估……这些基本的人力资源流程几乎都需要从根本上被重塑。先让我们谈谈招聘吧。招聘通常是谎言开始的地方。作为候选人，为了让自己看上去更优秀，我们隐藏了自己身上所有不够亮丽的东西。组织也是这样的（一个名叫“雇主形象”的领域已经出现了，试图对工作环境加以美化以取悦求职者）。所以，双方首先想要看穿对方的伪装。但到底我们能不能创造一个真诚的、呼唤心灵的招聘流程，让求职者和雇主都摘下面具、坦诚相见呢？

我在研究中发现，那些让人们在工作中展现自我的公司所改变的不仅是它们在人力资源方面的做法，它们也提出了今天的组织中所没有的一些具体的、基本的做法，比如创造安全空间、邀请大家讲故事，或者给大家创造反思的空间。

# 安全空间

## 既让人感到兴奋……又让人感到脆弱。因此需要一个感觉安全的空间

所有的灵性与智慧传统无非都是在说明生命中有两个选项：我们要么活在恐惧与割裂分离的世界里，要么活在有爱与身心整合的世界里。历史上无数的前辈告诉我们，生命中最深刻的呼唤，就是要克服恐惧，认识到超越一切的统一性，在内心里、在世界上重新获得身心的整合。那么，为什么身心的整合会如此的困难，同时又是如此的容易掉进分离的迷惑中？展现完整的自我让人感觉危险。我们将自我展示于人前，让自己最宝贵的一部分面对潜在的批评、嘲笑或厌弃。注重身心整合的组织发现，组织的首要任务是创造一个安全空间——在这里我们能获得足够的安全感，来与他人分享我们内心深处的才华、疑惑和渴望。

美国人力服务组织（Resources for Human Development，RHD）是一个位于费城的非营利组织。40 多年来，RHD 一直致力于创建

和维护一个安全、开放的工作场所。该组织于 1970 年成立，签订了 50000 美元的合同，来为费城郊区提供社区精神卫生服务。现在，RHD 的 4600 名员工通过 14 个州的项目，为成千上万需要帮助的人提供了价值 2 亿美元的服务，这些服务涉及为精神病患者、渐强性残疾人、吸毒者、酗酒者、获刑人员和无家可归者提供居住和庇护场所。

不同于博组客和 FAVI，RHD 的每个项目都由平均 20 人的自主管理团队负责运作。这些团队负责项目的整体运作，包括制定战略、招聘和采购、预算、监测结果等。自主管理是让 RHD 的护理能够达到非凡水平的基石。但另一个同样重要的因素：RHD 在团队和整个公司中设法创造安全和开放的氛围。RHD 的目的是让那些有过艰难乃至可怕经历的人，每天都能得到照顾。在 RHD 的项目中，语言或肢体暴力可能会迅速在家庭和庇护所中爆发。不难想象 RHD 的员工在这种环境工作，他们也很容易掉进“我们”与“他们”的敌对模式中，并将这些人视为不健全的人。因此，RHD 用心打造出了一种文化，并推出了一系列实践，帮助员工们从更深层次的人性角度出发，与他们的同事和客户进行互动。

## 将实现安全的价值观与基本守则落到具体的行为中

创建此类工作场所的第一步，是让每个人都意识到自己的一言一行都有可能创造或者破坏工作场域的安全空间。遗憾的是，学校

里的老师从来没有教过我们这些。像 RHD 这样的组织发现这一点非常重要，于是他们在一份文件中列出了一些人人应该遵守的基本规则。在 RHD，这份文件被称为“雇员及消费者之权利与义务法案”。这是一份极棒的文件，它说明了公司员工该怎么做，以及哪些行为是不可接受的。例如，它讨论了如何巧妙地化解冲突，并谈到五个不被接受的、充满敌意的表达方式。为了让你了解这份文件，先来看看

第一个不被接受的行为——贬损性言论和行为——是这样描述的：

“贬损性言论和行为意指任何口头或非语言性的行为，让他人感受到自己的自尊被伤害，并暗示他/她是不值得被视为一个具备尊严的人。这类行为包括但不仅限于辱骂、嘲笑、讽刺或任何其他‘贬损’他人之行为。当他人在发言时，用类似翻白眼或其他肢体反应来对之表示此人在组织中，作为社群中的一员的意见不需要被尊重，也是不能被接受的。任何遇到这种敌对行为的伙伴都有权利和义务把它当作一个需要被严肃处理的问题。”

绿色组织开创了以价值观为本的文化，这种文化一般会包括类似诚信、尊重或开放等价值观。青色组织提出的基本规则更为具体，将一些共享的价值观提升到一个更高的层面。当然，将那些价值观和基本规则付诸行动不是一份文件就能做到的。本次研究中的许多组织都选择从一开始就这么做：所有新员工都应邀参加入职融入流程，来评价价值观与基本规则，从而在整个组织内形成共同语言和共同评判标准。其他的一些实践机会，比如全体会议、价值日或年度调研，则可以用来重新学习和重申基本规则。

# 反思的空间

## 我们需要反思的空间，让更深层的真相得以浮现

世界各地的智慧传统都坚持认为，如果我们要让真相从我们内心深处浮现，是需要定期的独处与反思来平静心灵的。越来越多的人将沉思、冥想、瑜伽、散步等自然习俗融入日常生活中。在本书所研究的许多组织中，一些已经在公司里设立了一个安静的房间，还有一些安排了冥想和瑜伽课程。这些做法在忙碌的生活中为个人反思和正念开辟了空间。有些组织则更进一步：它们也安排了集体自我反思的时间，这十分有利于整体性身心整合文化和集体意识的养成。

海利根菲尔德（Heiligenfeld）就是我认识的一个将反思实践深深地融入日常生活中的组织。这是一家发展迅速的公司，在德国总部拥有超过 800 名员工，4 家精神健康和康复医院。它是医学博士和心理治疗师 Joachim Galuska 博士的心血结晶。在 20 世纪 80 年代，他认为人们需要更全面的治疗方法来治疗精神病人；他想要给传统的心理疗法增加灵性层面和超个人心理层面的治疗方法。但当时没有一家医院愿意接受他的这个想法。

1990 年，Joachim 因为偶然的机会结识了企业家 Fritz Lang，他在一个温泉小镇上拥有一家历史悠久的酒店（尽管生意有点冷清）。他们两人决定将酒店改造成一家有 43 个床位的小型精神康复医院，来提供一种更整合的治疗方式给病人。这一决定让他们取得了巨大的成功，他们的客户遍布德国和欧洲其他地区，推动海利根菲尔德继续扩张并取得了可观的财务回报。

## 一整套的反思实践

在海利根菲尔德，员工能够停下来进行反思，分享一些与同事之间的争议并从中向他人学习，以上这些都被视为是正常的，甚至是必需的。为保障在工作的空间能够维持以上的开放性，他们创造了一整套实践的方法：

- 这家公司为每位新员工提供学习静坐冥想的机会。每天都会为有兴趣参加的人设计 30 分钟的冥想会。
- 无论是清洁工、厨师或是其他员工，每位有心事的员工都可以预约私人辅导时段，并有大量各种各样的辅导技巧支持他们。
- 所有工作团队每年休息两到四次来与外部教练一起解决任何团队中遇到的阻力或是挫败。
- 比较值得关注的实践是，海利根菲尔德每年会组织四次“正念日”——这一天病人和员工会静默地度过一天（工作人员在有需要时才低声说话）。许多员工都期待着这一天。静默的协作为人与人之间的关系带来一种特别的状态与视角；这样的合作需要用更为清净的心来做事，在没有言语交流的情况下倾听同事的存在、情绪与想法。

最能引起反思并培养出一种身心合一的整体感及群体感，要算是每周二早晨的做法了。在 75 分钟的时间里，350 名员工（最理想的当然是所有人都能参与，然而有些员工在值班，需要与病人待在一起[15]）都停下来然后一起反思。每周都有一个新话题，所涉及的范围很广：员工们已经反思过化解矛盾、应对失败、公司价值观、人际沟通、官僚主义、IT 创新、个人健康等主题。

大会总是以简短的集体发言来开始阐明主题。假设主题是“应对失败”，发言就会简要介绍如何正确应对失败。

在发言结束后，大家带着自己的椅子分成一个个小组，每组 6 到 10 人。这就是周二会议的核心：员工们以小组为单位来思考这个话题——如何独立或共同应对生活、工作和家庭中遇到的失败。每个小组选出一名负责协调的引导员，负责落实一些基本规则以打造一个开放空间，让大家可以放心地进行自我探索，将真实的自己完全展示出来。

有时候，麦克风会在房间内传来传去，谁想说点什么就可以分享一下自己在讨论中产生出来的想法。这种讨论没有预设要取得怎样的结果；每个人参加会议都会自动地生发出一些对他们个人而言有学习意义的东西来。除此之外，在这些讨论中也经常会生发出一些集体洞见与想法，以及重要的举措。

当然，这种大群集体的反思活动是一项耗时的实践，每周需要为公司一半以上的员工提供 75 分钟的时间来完成这项工作。但问问海利根菲尔德的员工，他们会告诉你，这一做法的好处远大于它的成本。大群集体的反思就像是一种开了挂的公司培训计划；整个组织通过一个又一个的话题，一周一周地成长。[16] 共同的经历也加强了员工走在一起思考的集体意识，形成了一种共同的语言，这是我所知道的任何其他做法所不能达到的。每周，人与人之间如何相互联系的基本规则都会得到重申。通过这种方式培育起来的信任感、共鸣以及同理心最终将渗透到整个组织中。海利根菲尔德的一名员工在某次周二会议结束时站起来对会议室里的笑声表示赞许："我希望我家也能像海利根菲尔德一样！"

# 讲故事

## 重申故事的力量

无论是在自主管理型组织，还是在金字塔层级的组织中，信任都是高效协作的秘诀。但是，当每个人都在某种程度上躲在专业面具的背后时，信任就很难被激发出来了。当我们并没有在真正重要的层面上进行交往，我们在失去生产力之余，内心也会真实地感受到一种微妙的伪装存在于彼此肤浅的关系之中。如果我们想要在工作场所获得信任，希望建立深层次的、有意义的人际关系，我们必须更多地展现真实的自己。一起打保龄球可能会是一段有趣的休闲时光，但这种"团队活动"一般都只是注重表面功夫，并没有真正培养任何深层次的信任或集体意识。这些活动缺少的，是从古至今我们用来建立集体、创造共同经历最重要的元素：讲故事。

分享故事可以以不同的方式融入工作之中。例如，勇气与新生中心（The Center for Courage & Renewal）是一个帮助教师和其他领导人“人与心同在(rejoin role and soul)”的小型非营利组织。他们在招聘新员工时采用了一种很好的做法，并将之作为一种习俗：团队成员会举办特别的聚会来欢迎新员工，在聚会上他们每个人都会分享自己的愿望，并且会用一个具有象征性的物件来讲述他们的愿望。这种让新人感到自己备受欢迎的方式十分贴心。但在许多方面，它同样有利于现有团队成员在更深层次上彼此了解。每一个愿望、每一个对象都是一个故事，流露出了讲故事的人对工作场所和对同事的珍视。

## 让青少年当家做主

ESBZ 是德国柏林的一所 7—13 年级的学校，该校在许多方面都独树一帜。学生的学习在很大程度上是自主管理的。教师也同样在实行自主管理（由三个班、六位教师组成的“迷你学校”作为管理的单元）；每个月，家长也以自主管理团队的形式为学校贡献 3 个小时的时间。学生和老师认为，有一种做法

他们先一起唱一首歌来暖场，让彼此有回到家乡的感觉。

之后舞台就交给了大家。任何人，不管是学生、老师，还是工作人员，都可以走上台来，对着话筒赞赏或感谢某人。

特别能够体现学校这种非凡的学习、协作和成长精神，这就是“赞赏”聚会（完全由学生准备和运作）。每周五下午，学校的大厅里坐满了 300 名学生、老师和行政人员。

每一个赞赏的背后，本质上都是一个微缩的故事，揭示了两个人（故事讲述人和被赞赏或被感谢的人）之间的奋斗和荣耀。想想这是多么棒的做法！青少年通常会戴着多个面具，因为他们仍活在一个非常在意伙伴们的想法的阶段。但这种赞赏活动足以说明 ESBZ 的学生们其实是有勇气站出来公开赞赏其他人的，他们觉得每个星期五都在数百名同龄人面前分享有趣、动人、真诚的故事是再自然不过的事！每个人都会有感到失望困惑的时刻，也会有对他人充满感激、满怀喜悦的时刻。我希望全世界的学生（以及成年人！）都能体会到以这种方式被他人倾听和尊重的意义，在这种情况下他们可以感受到强烈的集体归属感。

这样的嘉许持续了半个小时。

在赞赏之后，也会有一些建设性的批评（“说出你的想法”），不过大会通常会以宣言、庆祝和祈祷结束。

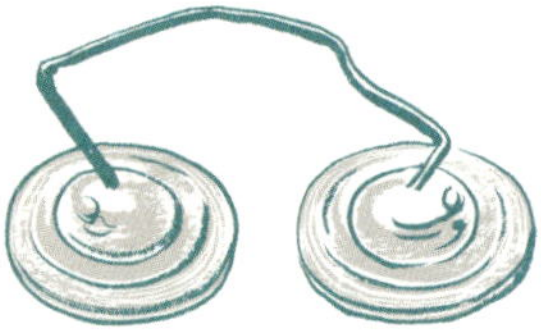

# 会议

## 狭隘的自我往往都是喜爱会议的，这也是我们需要重塑会议的另一个原因。

自主管理型组织的会议较以往的少得多。但无论如何，“以我为尊”的心智模式经常会让我们在会议上把自己武装起来。在一群人面前，我们害怕自己看起来很愚蠢或软弱。我们不喜欢输掉争论，也不愿意提出一些会为人带来尴尬的方案。然而，会议也可以展现人性中最好的一面。在这里每个人都会贡献一份力量，大家可以谈论彼此真正关心的事情，从而实现真正意义上的协作。本书中研究的所有组织基本上都制定了具体的会议实践，以帮助参与者在会议中对自己的伪装保持警觉，并带出更多身心整合的呈现。

当中有些方法是相当细致的。比如博组客的决策过程就由好几个步骤组成，这些步骤可以防止大家沉醉在本位主义的迷幻中，而且可以保持会议过程中的全神贯注。[这与合弄制——一个在全球范围内引起广泛关注的自主管理框架——中的一个称为“整合决策”的过程有着惊人的相似之处。] 至于另外一些方法，则非常简单。比如在雅音公司，每次会议开始前大家都会沉默一分钟。同样，FAVI 多年来在每次开会之前，都会让所有与会者分享一个小故事，内容是关于他们最近感谢过或祝贺过的某个人。这种做法让人们的心中充满希望、感

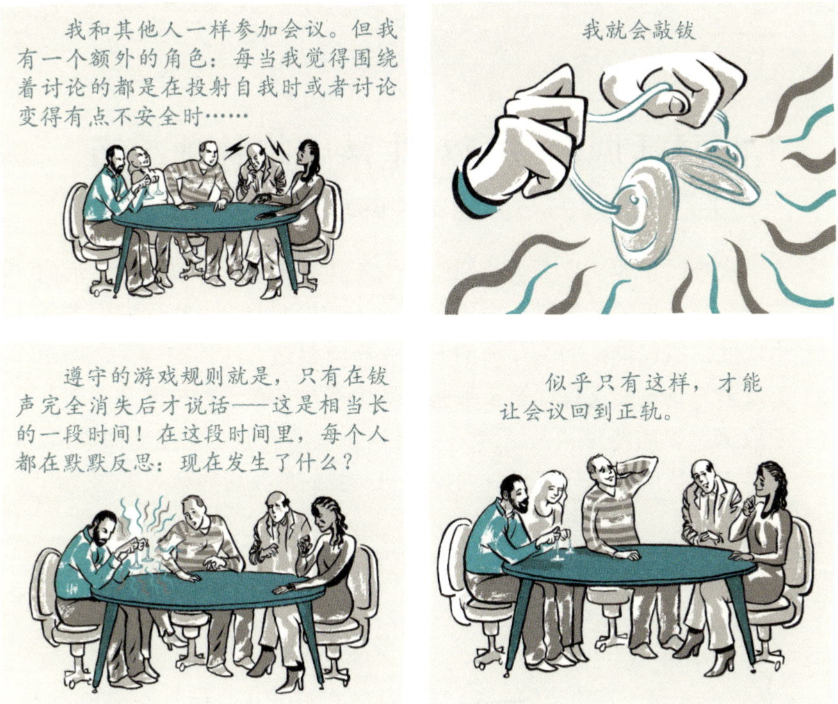


恩，对他人的善良和才能建立起信任。这有助于将人们的注意力从以自我为中心的目标转移到与组织更广泛的需求相结合的目标上来。在海利根菲尔德，每个会议室都有一对手掌大小的铜钹，叫作tingsha。每次会议都以这样一个问题开始：谁今天来敲钹？

海利根菲尔德的员工现在已经将这种做法完全融入到会议中，甚至鲜会听到钹声了。他们告诉我，在很多情况下，只要把手伸向那对钹，就会有人说："好吧，很抱歉，你说的是有道理的。"对于这种结果至今我依然觉得很神奇！当然，公司里的每个人都仍然有着自我，但他们开始学着驾驭它。你能想象一个没有自我、没有本位主义的会议会是什么样吗？我每每想起多年前受邀参加的一些传统公司的高管会议，就会暗自发笑。如果他们采用这种方法，那么，这钹声肯定会响个不停！

# 工时灵活调动以应对生活中的种种承诺

## 照顾生活中所有方方面面重要的承诺

现今的企业文化要求我们假装对工作的承诺，可以凌驾生活的需要。我认识的经理鲜会为了参加孩子的校园演出，或因向好友提供帮助，或仅仅是因为今天的天气是全年最适合冲浪的一天，而敢于取消一场重要会议。至于那些少数为了参加孩子的校园演出而敢于取消会议的经理通常认为需要用到一些虚假但更易接受的借口。许多工作场所的文化要求我们抛开一些我们最关切的私人事物。

在尊重身心整合的工作场所中，我们不再认为工作胜过一切。我们可以就生活中所有重要方面进行诚实的对话。看到同事们能够照顾到生活中丰富多彩的方方面面，并从中感受到每个人都能圆满真实地活出自己，这可算是对工作的一种解脱。

小型而自主管理的团队结构，有助于在某人因某些重要事情而需立即变更其日常工作时提供灵活的应对。博组客的每位护士都可以暂时接手少量额外的客户；FAVI 的操作员可以在与同事进行讨论后尝试换班。至于以下的案例是发生在一个小工厂里，当时有一个人正在修建自己的房子。为了在白天与建筑商在现场会面，他与夜班的同事们说道：有谁愿意跟我换四个月的早班吗？很快他们就自行做出了安排——而他的要求并不需要经过人力资源流程或获得更高管理层的批准。

在进行自主管理的情况下，你可以根据需要而更改工作时间。但是他人会期望你能够尽快找到解决方案来兑现自己在之前答应的交换条件。这种期望的出现是因为现在已经没有人力资源部进行中央统筹了。你可以看成是一种不方便吧：你现在无法简单地向人力资源部门提出请求，然后让他们去担心该如何解决问题。事实上，在实践这种自主管理时，同事们往往会自告奋勇跳出来帮助你。他们知道，当他们需要灵活调动时，你也会反过来帮助他们。这形成了一种互助的文化，每个人都接受这样一个简单的事实：我们在生活中都有许多想要照顾的方方面面，此乃人之常情。

# 绩效评估

## 绩效评估不必是一件令人沮丧的事

大家都知道，每年的年度评估会议往往是团队一年中最诡异的时刻。在这一年中通常收不到任何反馈的员工会感到紧张不已，因为他们不知道会发生什么事。管理人员对一些难以启齿的私人对谈也会感到很不自在，而且往往会一成不变地僵守着人力资源部门递交给他们的员工评估结果。幸运的是，有些管理人员还是会用心进行评估；在有些组织中，管理人员甚至会就如何评估员工这档事接受培训！然而，由于如奖金、加薪、项目和升职等很多项目都直接或间接与绩效挂钩，评估讨论通常会带有一种恐惧的色彩。评估的目标是对个人绩效进行不带情感，让对方感觉是一种对事不对人的客观反馈。然而，每个人都会过度修饰自己的言辞，而且很少会进行即兴的或发自肺腑的真心对话。这也就难怪为什么人们通常无法从这些谈话中得到任何启发！

如果我们试着不从让人感到恐慌的方面进行讨论，而是从深层联结、探究和庆祝等方面着手，那又会有什么不同？比如探讨一些有关他们当前的知识、经验、才能或态度与工作要求存在落差的方面。除了目前的角色之外，两名同事可以探究更为深入的问题：我真正渴望做的是什么？我对世界可以有哪些贡献？我有哪些独特的天赋？是什么让我止步不前？什么能够帮助我更加勇敢地过上我想过的生活？

雅音公司一直在尝试如何将评估过程变成真正进行探究与庆祝的机会。第一步，每名员工都会根据一系列发人深省的问题反思自己的表现和志向。第二步是最不寻常，也最美妙的一步：密切合作的员工们作为一个团队聚在一起。团队中的所有人一个接一个地向接受反馈的人提出没有预先准备的即时反馈，以便进一步鼓励和激发其进行自我反思。例如轮到你的时候，你就坐在接受反馈所坐的椅子上。你的同事们首先会闭上眼睛，静默一分钟，试着在心中想一想你。

他们需要做的是放下任何形式的主观评判，以便能够让自己出于爱与关怀来提供反馈。每位同事依次坐在你的面前与你分享两份礼物。这两份礼物是他们对以下问题的回答：在与你共事的过程中，我认为你身上最闪亮的是什么？我认为你在哪个领域可以提升和成长？

有一位负责记录的同事将答案抄写在一张大纸上，在完成一轮后，他会将这张纸递交给你，就像赠送一份礼物一样。在雅音公司感受到的体验是，人们在这一过程中会感觉自己获得了充满爱意的支持，人们也经常会因为被深深地理解和欣赏而流下泪水。

同事提供的所有意见都有助于员工在第三步中促进和深化自己的反思，第三步是与一名同事进行的一对一对话。（在仍然存在层级结构的雅音公司中，这名同事会是你的经理。但在其他自主管理的公司中，则可以是与值得信任的同事进行对话。）你从讨论中得到了哪些启示？学到了什么？未来要注意什么？你认为自己被哪些东西感召着？

我认为这是一个卓越的例子。年度评估不必让人沮丧不已，死气沉沉。有了正确的态度和让人深思的提问，我们就可以将其变为庆祝仪式一样，并容许深入探究我们的自我与使命。

# 突破三
# 持续进化的使命

如果我们不再尝试强求某一个未来的实现，会怎样？

如果我们容许组织与正在生成中的未来一起共舞，又会怎样？

我们的使命是……
……将激励每个人实现最佳绩效……
……是无私地为客户服务……
……以便赚取巨额利润……
……否则，我们将被竞争对手打败。

# 我们总是嘲讽大多数企业的“使命宣言”

在几乎所有组织中，制定为员工提供启发和指导方向的使命宣言已经成为了标准惯例。然而，我们逐渐认识到，大部分使命宣言都是空话，因为这些宣言无法在实践中促成行为或决定。至少根据我的经验，高管们不会在激烈的辩论中停下来向公司的使命宣言寻求指导，并询问我们的目标要求我们做些什么。

那么，如果共同的使命并不是促成决策的依据，那什么才是呢？通常是组织的自保本能。红色、琥珀色、橙色，甚至是绿色组织中的领导者和员工仍然带着某种基于恐惧的自我，倾向将世界视为一个危险之地，无处不在的竞争者都在试图掠夺偷取他们的午餐。唯一能够确保自己生存下来的办法就是紧紧抓住每一个机会；在竞争对手采取行动之前赚取更多的利润，赢得更大的市场份额。在竞争最酣之际，谁还有时间去想使命？可悲的是，哪怕在军队、公立学校和政府等本该是远离竞争的机构也默认内部斗争的需要：这一切都是来自内心的不安全感。管理人员为了自保而施展的地盘之争，与其他团队进行敌对，所为的是获取更多的资源或得到更多的认可。

随着组织向“进化型—青色”组织的践行转变，人们学会了驾驭自我的恐惧。这个过程为探讨个人和集体层面有关意义和使命的深层次问题提供了深思的空间：我的使命是什么？什么才是真正值得做的事情？

## 你所在的组织是否拥有崇高的使命？当心！这可能意味着变得更激进

若然组织真心重视其使命并付诸行动，那会发生什么情况？博组客给予我们一个有趣的案例。要记住：博组客采用的注射器和绷带与其他居家护理公司基本上没有两样，他们唯一的竞争优势是其管理理念和组织实践。

如果博组客是一家随波逐流的公司，则其会像可口可乐公司对待自己的配方一样，将自己的管理方式视为重大机密！

Jos de Blok 却是这样做的：他撰写了一本极尽详细地说明博组客管理方法的书。随后，他送给所有竞争对手一人一册！

Jos 的使命是让老年人过上丰富且自理的晚年生活。博组客最终是否能占据 20%、50% 还是 80% 的市场并不是他关心的事情。

我在自己的研究中注意到一些惊人的发现：我几乎从未听到过博组客提及“竞争”一词。橙色组织渴望竞争，但在这里，竞争的概念却无影无踪。它去哪儿了？我发现答案出奇的简单：若一个组织真正拥有并坚信其崇高的使命，那么就不会再存在竞争了。任何有助于在更大的范围内或更快实现该使命的人都是朋友和盟友，而非竞争对手。这就是 Jos de Blok 和博组客看待世界的方式。

## 然而持续进化的使命这个概念不仅仅代表着崇高的使命本身

这意味着组织会秉持他们的使命进行倾听和与外界互动（据我所知，细致的自主管理方法合弄制的创始人和支持者 Brian Robertson 创造了“持续进化的使命”一词）。如今的管理建立在对未来进行“预测—控制”的渴望上。目前认为支持“预测—控制”的一整套实践——战略规划、中期规划、年度预算周期、KPI、平衡计分卡、“SMART”目标和激励计划等——对任何想要良好运营的公司来说都是必不可少的（这也日益成为非营利性组织、学校、医院和政府机构的必需）。以上这些实践都符合将组织比喻为一台机器：机器需要一位为其设定程序以及告知应做事项的头儿。CEO 的作用是分析世界正在发生的事情，以便为未来制定必胜的策略，而且他还必须确保妥善执行该策略。还可以采用另一个常用的比喻：帆船——需有人（船长）指明方向，并确保船员朝正确的方向启航。哪怕在我开始进行此项研究的时候，我也是用这种“战略－执行”的思路看待事情的。难道还有其他方式吗？

博组客、FAVI 及 RHD 等组织的创始人和所谓的“CEO 们”不再相信“预测—控制”。他们倾向于不再将组织视为机器，而是视为一个活性生命体，该活性生命体拥有自己的能量、方向感以及

存在于世界上的意义和使命。领导者（在这里实际上也是指每个人）的角色与作用都变得更加简单了。比起试图预测未来以及强行往某一个未来推进，他们仅仅需要倾听组织自然而然想要前进的方向……然后帮助组织实现。在此过程中，我们始终顺风航行。我们从“预测—控制”模式转而接纳一种更有威力的“感知—响应”模式。合弄制的创始人 Brian Robertson 通过精辟的类比对这一转变进行了解释。

我们并不是这样骑自行车的！我们在骑自行车的过程中会不断对现状进行感知并做出响应。我们会在当下充分运用自己所有的感官，有意识或下意识地了解大量信息，还会不断进行调整来适应我们所面对的现状。

这并非是漫无目的：我们仍有推动我们前进的方向。只有时刻牢记我们的方向，而不只是预先强调一次，我们才更有可能达到该方向。

如果在骑车的时候留心观察，我们可能会发现一条捷径或一条更美丽的路！或者我们甚至会发现一个更符合我们使命方向的全新的目的地。

此时的巨大挑战是我们需要抛开那些自我安慰式的控制错觉以及像领导者一样做好自己本职工作的假象：我们已经完成了所有分析，我们也已经做好了计划，并将按计划行事。矛盾的是，只有抛开控制错觉，我们才能通过向“感知—响应”的转变，认清现实。

FAVI 通过另一个比喻来说明从“预测—控制”向“感知—响应”的转变。他们认为传统的公司着眼于未来的 5 年，并为来年制订计划。他们试着像务农一样，着眼于未来的 20 年，并为次日制订计划。这一新视角已经深深地融入“敏捷式编程”等项目管理技术中。持续进化的使命将这种实践扩展至整个组织。这对于各种管理过程都会产生深远的影响。在许多情况下，管理过程会被翻转式地简化过来；有时候，根本不需要管理过程。

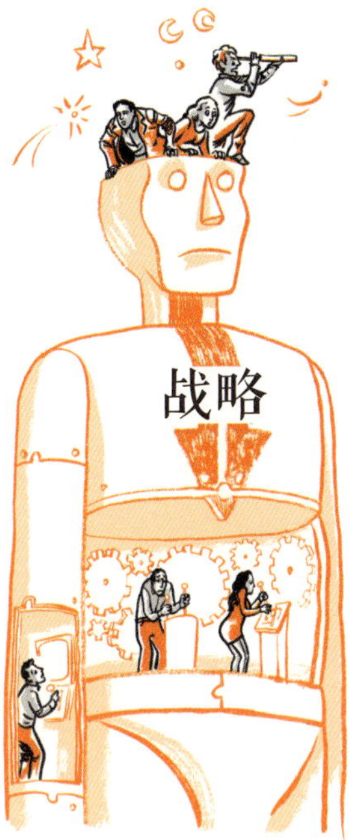


## 战略

### 没有战略规划？开什么玩笑！

我所研究的 12 个组织中（这些组织在商业领域都相当成功）都没有战略规划文件，甚至是对未来三到五年的战略规划。这听起来很疯狂！每所商学院都告诉我们，战略是成功的关键。但是，再想一想：与每隔几年就进行一次重大的战略规划并坚持贯彻该规划相比，一个组织如果一直寻找新的机会并进行相应的调整，那它不是会更加强大吗？

那么，组织如何不断进行战略的迭代？可采用的程序其实有不少。最简单的一种程序就是不用特地做什么，让自主管理发挥它的威力！青色组织的先驱者经常会使用一个新词：感知。通过自主管理，每个人都可以成为感知者，并领导变革——就像在一个生物体内，每个细胞都能感知其周围的环境，并向该有机体提醒进行革新的需要。我们人类都是卓越的感知者。只是在传统组织中，此类感知大多会被忽视而变得无感，高层只会对那些被大量过滤后还能够传达到最高层的信号（有时这些信号已严重失真）做出回应。

## 实现“感知—回应”的最简单方式是什么？答案就是让其自然而然地生发……

以下这个例子就很好地说明了这一点。还记得吧，博组客提供居家护理服务。不过从某个时刻开始，博组客也开始涉足预防事故的领域。这对博组客的战略而言是一个极大的补充。博组客又是如何走到这里呢？

这一切都始于博组客其中一个团队的发现。他们发现老年人跌倒时经常容易摔断髋骨。髋关节置换术是一个常规手术，但是患者术后自主能力的恢复程度各不相同。这个团队总结道，博组客真应该在预防方面做些努力。有两名护理人员很有创意。她们与一名当地的理疗师和一名职业治疗师建立了合作关系，共同在街区中组织了一场晚间演讲，教老年人如何尽量降低摔倒的风险；她们带职业治疗师去登门拜访客户，就如何对习惯做出微小的改变提供建议；她们还会讨论应如何针对家庭内部设计避免摔倒的风险。该团队对该项目非常满意，并与 Jos de Blok 进行了谈话。他们说，作为其使命的一部分，博组客真应该开展预防工作。而且这应该推广成为一个全公司范围的项目！至此，如果 de Blok 是一位传统的 CEO，那么他可能会这样做：

他会成立一个工作组来分析机会，提出建议。

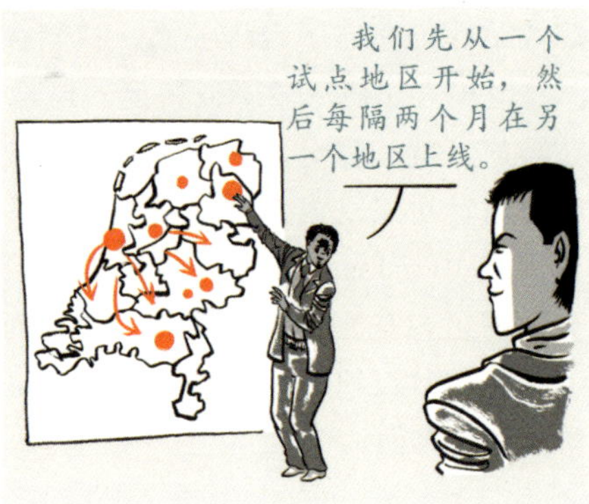


Jos de Blok 的回答大相径庭。甚至可以说他的回答很谦虚。他凭直觉认为开展预防工作的想法很有意义。但他应该向谁去了解这是否真的是正确的做法？于是他向团队提出了一个简单的建议。

许多其他团队都认为这个方法很棒。不久之后，其中一半的团队就变成了现在的“博组客 +”团队（这一项目在这当然是“博组客 + 预防”吧）。这是一件十分有趣的事情：没有人正式决定让博组客涉足预防领域，该组织自身的能量将其推向了这个方向。

这就是大自然数百万年来的运作方式。当一些有机体感觉到环境发生变化并尝试寻找应对方法时，创新并不是根据计划在中心部分发生，而总是从边缘发生的。一些尝试失败了，而另一些尝试则迅速扩散到生态系统的各个角落。现实才是最终的裁判。

## 但可以肯定的是，有些人更清楚发展方向？

这个问题可以追溯到一个常见的误区——目标不是让每个人都拥有完全相同的权力，而是让每个人变得有力量。因此，博组客的创始人 Jos de Blok 可以像任何护理人员一样，感知到他认为需要什么，并开创新的发展方向。我研究过的许多组织的创始人都是富有远见的人，他们通常十分了解他们的组织可能的需求。和其他人一样，他们可以利用建议流程来满足需求。

## 用更结构性的方式来倾听

在自主管理型组织中，许多倾听使命的方式都很简单：员工感知到某种需求，然后利用建议流程来满足这些需求。然而，也可以利用一些更结构性的方式将聆听融入日常生活中。一些组织采用一种非常简单的方法：在每次会议中，确保准备一张空椅子用来代表组织及其使命。任何与会者都可以随时更换座位来倾听组织并代表其发声。以下为坐在该椅子上的人可能会感受到的问题。

雅音公司将各种各样的空椅子活动变成了他们精彩的新年仪式中的一个流程。在仪式结束时，所有员工静静地坐在一起进行倾听：在未来的一年中，雅音公司对他们有何要求？只要是愿意分享的人都可以与团队分享自己的想法。

像“空椅子”这样的活动真的非常简单。也有一些更加复杂的方法，可以让大批员工共同感知组织的发展方向。例如奥托·夏莫（Otto Scharmer）提出的“U型理论”帮助团队“放下”先入为主的观念，以便接纳生成出来更为深入的见解。“欣赏式探询”、“开放空间”、“未来探索”和“世界咖啡馆”等其他方法已经证明了其在帮助大群员工（有时甚至是成千上万的员工！）共同发现其组织的未来发展方向方面的价值。

## 那我们是否应该禁用战略规划呢？

我研究过的一些组织从未做过重大的战略规划，每天进行感知和响应就会产生神奇的作用。但是，走极端并认为不应该进行战略规划也是一种愚蠢的行为。有时外部环境的突然变化需要我们对未来进行深刻的反思，从而做出一些重大的战略决策。组织应避免板上钉钉，认为已经完成了未来几年的感知工作即可。无论选择什么样的战略，随着员工不断地感知和响应，该战略都只是给第二天用作开展的基础，就像博组客的例子一样。

## 关于达成共识，分享工作优先级呢？

在很多情况下，组织的使命本身就会带来足够的协作共识。在博组客的案例中，所有护理人员都有共同的使命，即帮助老年患者拥有更加丰富且自主的生活。但是有些组织可能会发现，为可预见的未来提供更精确的指导方针是很有帮助的。合弄制背后的培训和咨询机构 HolacracyOne 沿用一个近似算法式的自主管理系统。该机构采用了很巧妙的做法，能够对多种对立因素做出中庸的协调。有一年，所有员工共同召开了一个战略研讨会。首先，他们试图对组织内部和外部发生的事情建立一个全面的认识，从而激发讨论，并在墙上贴满了便利贴。在此基础上，通过各种简单的对立因素的呈现，他们尝试为可预见的未来提炼指导方针。例如 HolacracyOne 的业务在创新与标准化之间存在着天然的冲突。于是有一年，员工们决定："在可预见的未来，比起开发和共同创新，我们会更加重视编制标准文件和向标准对齐。"当然，这并不是一个绝对的规则，组织不会停止创新，但它为每个人提供了一个明确的指导原则，即目前的重点优先放在标准化上。

# 预算

## 预算呢？还需要做预算吗？

许多传统组织每年都会经历一段痛苦的预算周期，在这个周期中，他们会对未来 12 个月的收入、成本和利润进行预测。基层管理人员会试图尽量压低这些数字。因为他们知道，他们每个月都有可能被问到未能达到这些预测数字的理由。而高层管理人员则希望这些数字能够尽可能的高，以保持压力。通常，一些没有人会真正取信的数字会在烦冗的来回变化之后被定下来。无论如何，当你想到这一点时，你就会发现这一切是毫无意义的：反正在往后的几个月时间里，出于某种原因，开展业务会比预期的不是更容易就是更困难。如果一名经理的绩效比目标绩效低或是高 5%，谁能真正知道他是做得好还是不好呢？

这些过程大多毫无意义并让人感到万分沮丧。更为隐蔽的不良效应是，这将我们的注意力集中在数字上，让我们不再“感知”更为重要的需要以及可能会发生的事情。既然预算存在如此多问题，那在“感知—响应”模式中，是否还需要进行预算？我研究的许多组织都没有预算。另一些组织则会在一项非常重要的决定需要对未来进行预测时才会进行简单的预算。[17] 例如，你的公司想提前确定原材料合同，你自然就需要尽量准确估算你认为需要购买的原材料数量。在这种情况下，所有部门都会被要求提供这些数字的总和，那就是预算的工作。然而，在做出决定之后，每个人都可以放下那些数字：因为预算并不会被用于监控绩效。组织也放弃了进行令人不快的讨论，不再将管理人员召集起来说明其为何没有达成这些数字。FAVI 内部有一句颇具颠覆性的口头禅，以表达他们对预算的看法：我们的目标是稀里糊涂地赚到钱，而不是明确地弄清亏钱的原因！

但是，如果没有预算，那人们不就没有目标了吗？不是这样的！我所研究的 12 个组织均未设定任何形式的自上而下的目标。（在晨星公司等组织中，员工们会设置自己的目标，就像慢跑者也可能会为自己设置目标来鼓励自己一样。）想一想：如果你在一个让你能够梦想成真、全身心投入工作并且服务于某个富有意义和价值的使命的组织中工作，你还需要在威逼利诱下好好工作吗？如果人的积极性未被激发，问题不在于缺乏目标，而在于某些事情导致该工作对该人员失去了吸引力。这才是需要解决的问题。而简单地增设更多目标并不会解决这一问题。

# 变革管理

## 变革管理怎么了？

在先前的章节中，我们已经讨论过青色先驱者们是如何始终不需用到“竞争”这种概念。在研究过程中，另外两个我从未遇到过的术语是：变革和变革管理。这真是令人惊叹！在传统组织中，变革是最令人费解的问题之一，在商业管理和管理学术界更是一个被无休止讨论的话题，整个行业中变革管理方面的专家们和顾问们都产生了这样的想法：变革非常不易并且经常失败。然而在我研究的先驱组织中，它们似乎是自然而然地持续发生着改变的，似乎无须对此加以任何关注和特别的用力，或进行任何管控。为何会这样，这到底是怎么发生的呢？

在工业年代机器观的范式里，组织被视为毫无生气的静态系统——就像一堆以金字塔结构堆叠起来的盒子一样。静态系统并不具备支撑变革的内在能力，必须由外部向其施以压力或给予动力。持有这种世界观看待变化的人，不会将改变视为如流水般动态以及一种不断呈现的现象，而仅仅是从某个 *A* 点到 *B* 点、从一种静态变为另一种静态的一次性运动。这种世界观认为变化是一种“不幸的必然”，试图通过预测和控制未来以奢求将异变降到最低。我们试图为生活中的意外做好准备。我们祈求现实情况会处于预算与战略规划的范围之内。如果现实情况超出了预算或战略规划的范围，我们就需要进行改变并制定修正性的改变计划。我们需要像重新设计机器一样重新设计组织，并让员工们行动起来以适应新的蓝图。不幸的是，人们通常会抵抗这类改变的行动。为了克服阻力，组织往往不得不利用恐惧，告知如果不进行改变，这个充满敌意和竞争的世界会如何威胁到组织的存续。总的来说，组织到达 *B* 点，一切便会水到渠成。

## 活性系统天生就具有进行自变的能力

如果组织是进行自主管理的活性生命体，我们就无须从外部强行进行改变。活性的生命系统天生就具有感知环境变化以及调适内部的适应能力。在雨林中，当森林里不下雨时，没有哪棵大树能计划并决定做出改变。整个生态系统在当下会做出具创造性的反应来。青色组织是通过类似的方式来顺应变化的。员工可以按照其感知的需要而自由行动；他们不受固定不变的职位描述、汇报关系与功能单位的锚定所制约。他们可以对生命中那些既是当下呈现的又让人意外的非线性事件做出具创意性的反应。改变是一种必然，是自然而然地发生的，无处不在、片刻不停，而且大多数时候都是不带痛苦、毫不费力的。

不带痛苦，又毫不费力？我并不是故意想让你觉得我思想幼稚的。在个人层面上，当生活需要改变时，有时会感到愉悦，有时会感到不安，我们总会感到有种张力存在。就如我们总是有某些习惯从成长过程中积习下来，我们的身份认同也在某些环境下被定制下来。但当改变并非从外施加或者是从上而下施加时；当我们个人感受到改变是由内而外的拉动，自主地认为改变是必需时；又当我们感受到力量与需要承担责任时；或当有一个安全的空间可供我们就此进行有意义的对话时……我们就更有可能更易于拥抱变化。

# 将一些实践升级到
# “聆听持续进化的使命”

我们已经讨论过一些包括战略、预算、目标和变革管理等可以从“预测—控制”升级到“感知—响应”的实践。这一转变还会涉及其他管理实践，包括如何确定值得开发的产品、如何开展营销以及应与哪些供应商合作等等。

| 战略 | 市场 | 预算和控制 |
| --- | --- | --- |
| 目标 | 产品开发 | 情绪管理 |
| 竞争 | 供应商管理 | 变革管理 |

于书后第 ××× 页我们罗列了大量资源，其中包括一个自设的维基百科页面，详细说明了本书中提到的每一个流程！

在这三个突破中，最晦暗难明的，以及最遥不可及的概念，要算是组织如何拥抱持续进化的使命，以及我们可以听从于这个使命。我注意到有些人会简单地将这一概念理解为“组织应追求有意义的使命”。我希望我能够表达的是这背后有着更深层的改变。

同时我也认为，在这三个突破中，这是现时我们仍需要大量学习的概念。有关如何创造身心整合，坊间已经有很多这一类的知识了。即使是对于自主管理，我们现在也已经对所涉及的实践有了清晰的认识。然而当论及“倾听使命”时，虽然我们对其总体性的原则已经有了不错的掌握，但在帮助我们倾听组织的具体做法方面，我认为我们仍然有很多东西需要去学习。我相信在不久的将来，我们会看到关于这一领域的大量研究与实验。但无论如何，我们将进入一个令人激动的时代！

## 若没有相应世界观与意识的成长到位，那些实践将不可能成为组织的习惯

在本书中，我直接将重点放在了支撑青色组织背后的一些具体实践上。新的实践对重塑组织来说非常重要——若无某种形式的建议流程，你就无法实现自主管理；若无安全空间的创建，你就无法拥有全人的高度身心整合。我相信对部分具体实践的描述，是对这一新的组织模式变得更为“摸得到看得见”的最好方法，也是揭开这些一直盖着高大上或乌托邦神秘面纱的方法。

然而，只有在领导者们信奉支撑这些实践的世界观时，这些实践才有可能被带到现实中。许多通过更传统的橙色视角来看世界的领导者们，会对所谓的 VUCA（异变性、不确定性、复杂性和模糊性）世界感到挫败。他们寻找解决方法让其组织变得更加灵活，让员工更有斗志。他们更可能会尝试采用本书中的一些实践。但我的经验告诉我这是行不通的。每个管理实践背后都要求对应某个相应的世界观（参见第 41 页关于薪酬的例子）。与领导层的世界观不符的实践很快就会变得毫无生机，甚至有时会让情况变得更糟，导致自相矛盾、混乱，以及招惹一堆嘲讽之声。

有趣的是，我研究的组织的创始人或 CEO 选择采纳青色组织的原则，不是因为他们希望企业变得更具创新力和敏捷力，也不是来自实现收入有更可观的增长与降低成本的希望。他们是被某种内在的原始动力所驱使。我们所知的管理方式是不会适合他们的。有人猜想新的运作方式应该更有威力和更有效，但这并不是他们的出发点。他们只是在寻找能够与“他们是谁”的表达相一致的方式来推动这些组织。在此过程中，他们促成了一个具有凝聚力的新组织模式的出现，该模式会激发更多的人去想象一个更为广阔、更激动人心以及更有使命感的未来。

# 第 3 部分

## 那么……我们要如何到达那里呢？

希望前文能够让你对青色组织有所了解。也许你已经体会到了在这类组织中工作的感受。在本部分中，我们将着重探讨如下问题：

- 需要投入什么以成为青色组织？
- 在青色组织中领导力有何作用？
- 如果要创立一个新的青色组织，可能有哪些最初就会采取的实践？
- 如果你对改造现有的传统组织感到备受鼓舞，你可以如何开始行动？

## 实现青色组织的必要条件

我研究得出的结论是，组织要实现向青色结构和实践的飞跃，有两个——也只有两个——必要的条件：

1. 最高的领导人：创始人或最高领导人（因为缺乏更好的用词，我们将其称为 CEO）必须使用青色视角来看世界；他们必须已经进化到这一高度，否则代表着青色的管理实践对他们而言将难以有所共鸣。众多案例分析表明，让其他几名高层领导也以青色方式来运营机构是有益的，但并不是必需的。

2. 所有权 / 拥有感：组织的所有者及其代表必须理解并接受青色世界观。经验表明，当青色领导者的方法能够取得杰出的成绩时，那些不明白青色概念的董事会成员可以暂时给予青色领导者完全的行动自由。但当组织遇到困境或面临重要抉择时，组织拥有者会希望通过唯一对他们有利的方式（即自上而下的层级控制机制）来控制局势。在我研究的 12 个组织中，有两个组织曾发生这样的情况。

以电力公司 AES 为例。AES 在前 20 年中极为成功。在不到 20 年的时间里，AES 从一无所有发展到拥有 4 万多名员工，在五大洲的 30 多个国家运营发电厂。2001 年，在安然（Enron）倒闭以及“9·11 袭击”之后，AES 的股价和所有其他电力公司一样暴跌。董事会成员变得极为紧张，坚持要恢复公司各级的控制机制和等级制度。遭 AES 的创始人 Dennis Bakke 拒绝之后，董事会成员强行选出了一名联合 CEO 对其施压。数月后，Bakke 心灰意冷地辞职了。BSO/Origin 公司也发生了类似的情况。该公司是一家起源于荷兰的 IT 咨询公司，拥有 1 万名员工。该公司依靠高度的自主管理取得了非常成功的商业业绩。但在该公司于 1994 年被飞利浦（Philips）收购后，飞利浦很快坚持采用传统的管理方法，随后该公司失去了其往日的辉煌。

如果我的观点正确，这两个条件对真正进化为青色组织来说是必需的话，那么我就令不具备这两个条件的组织中工作的人们彻底希望破灭了。（本章的后文中，我们将讨论人在这种情况下——例如作为中层经理——可以做些什么。）但是从另一个角度来看，这意味着其他的参数则并不是最关键的要素。有时候我会被问到青色组织是否不适合某些行业，例如银行业等受到高度监管的行业。我认为情况并非如此。AES 就曾基于建议流程来运营发电厂，而能源领域是受监管程度最高的领域之一。

地区和文化背景似乎也并不那么重要。诚然，我研究的 12 家公司都源自西方国家（欧洲和美国），但其中数家公司在亚洲、非洲或拉丁美洲设有工厂和分公司。他们的做法在分支机构也能发挥作用。某些文化倾向于比其他文化更加迎合服从等级制度，但我相信自主管理或身心整合的全人概念是每一个个体对自己最本源的需要及渴望。在我收到的来自世界各地人们的众多电子邮件中，他们告诉我青色组织实践与他们产生了共鸣，这似乎也证实了我的这一观点。

# 打从一开始就打造一个青色组织

在阅读本书时，你可能正要开始创建一家新的公司、非营利组织、学校或医院。你想知道如何从一开始就将青色的理念融入组织中。恭喜！从头开始创建一个青色组织比改造一个已经成形固化的传统组织要容易得多。同时在大多数时间，这会让你的青色旅程变得非常有影响力和生动有趣。但是，在其他事情上，你还需要多加注意，你会很容易滑回到复制过去传统成功管理经验的轨迹上，你需要时刻提醒自己保持坚定和清醒，并持续性有意识地选择更加创新、不太熟悉且极具挑战性的路径一直走下去。

我想请你思考的第一个问题：在目前你所读到的关于青色组织的内容中，哪些内容能让你产生最深的共鸣？如果你想更进一步的话，那么或许可以思考以下问题：在你自己身上和你过往的经历中，是什么让你因这样做而感到犹豫不决或激动不已（或许也同样令你感到恐惧）？我知道有些人会对自主管理产生强烈的共鸣，例如，由于内心深处的某些事让他们认为生活中很多人无法施展自己的天赋是一件很痛苦的事情。另一些人则对身心的整合非常认同，因为他们渴望有一个地方能让他们摘下面具真正做自己，与他人建立更深层次的连接。还有一些人则被他们组织的使命所打动和吸引，以至于他们真心想要倾听并帮助组织实现该使命。如果你倾听内心的声音，是什么最能够打动你呢？

另一个问题：如果你试图暂时将自己（包括你的愿望和梦想）悬在组织之外的某处，当你试图倾听组织的声音之时，组织存在的理由是为了服务些什么呢？什么形式或者模样最能实现这个使命？让这些问题来帮助指引你去做想做的事情。如果你遵循内心的方向，而不仅仅是追求关于青色组织应有的形态与认知，我相信你将更有可能可以更顺利地碰触到内心的呼唤。（好吧，从现实的角度看来，多少还是会更顺利一点吧！）

创建青色组织并不是一个需要逐项核查、在清单上打钩的事情，它并非只是简单地采用一些新的操作步骤而已。在这里想要说明的是，它确实存在一些必需的基本实践。例如，如果你想要落实自主管理，那么应采取一切办法，从让员工拥有多个角色而非只有固定工作职称开始；然后采用建议流程，并设计一个冲突解决机制。这三个可以算是最重要的启动实践，往后做下去，你便会感知到组织要往哪里持续进化，要引入哪一个新的实践。

如果身心整合对你而言很重要，你和你的团队在这个时候便可以引入下一个基本实践：探索想要确立的基本协作原则，以便创造一个安全空间；选择一些富有感知和打动人心的会议方式，并确保招聘和新员工入职流程可以帮助员工更加顺利地融入青色组织。也许你想确保从第一天就开始倾听组织持续进化的使命，然而我们惯常认为，当我们创立一家新公司时，我们需要制订详细的商业计划和预算。问问自己：项目到底真正需要多少的（最少的）计划呢？有哪些方面我们其实只能在黑暗中猜测，却幻想可以对此进行计划或管控？我能否放开这些计划与预算，让我能时刻敏锐洞察新机会出现的微弱讯号？当然，许多银行或风险投资家仍然更相信“预测—控制”模式而非“感知—响应”模式，而且通常坚持要求制订详细的计划。为了让他们安心，你可能仍需要制订一些计划。

## 转化现有组织

目前我最常被问到的问题是："如何才能改造我现有的组织？" Jean-François Zobrist（帮助黄铜铸造厂和汽车供应商 FAVI 采纳自主管理的 CEO）总是以最短的答复来回答这个问题：

"Démerdez-vous"

我恐怕自己总是将这个词的真正意思翻译得过于体面，但这句话的大意为："你自己看着办吧！" 他通过自己独特的挑衅性语气，想要表达的意思是：没有诀窍，只要用心，你就会找到方法。你所拥有的聪明才智和资源足以解决这个问题。虽然你无法面面俱到，但总会找到出路。我同意他的说法：没有诀窍。而且我开始相信，如果 CEO 是真真切切希望如此（同时如果董事会也同意让他这么做——记住第二个必要条件），那么它就会被实现。我们都知道这是可以做到的。FAVI 做到了。AES 公司收购了全球各地的数十家以传统方式运营的发电厂，并且一次又一次地对这些发电厂进行改造。自从《重塑组织》（*Reinventing Organizations*）一书面世后，我收到了许多正在向青色组织迈进的组织的来信。我从中学到的最简单的经验就是：每个组织的历程都是独一无二的。我想，如果我们不羞于承认，那我们确实还处在整场运动非常早期的阶段。我们对这段历程会如何展开还不太了解，因为大多数公司仍处于向青色组织转变的过程中。我们还缺乏对此的深入研究。因此，当人们问我"如何才能改造现有组织"时，我无法提供任何明确的答案。但我仍然可以就你可能想要了解的内容提供一些见解，并分享在这段历程中的一些普遍误解。

## 我们要为“如何改变”的这种想法提出升级

在开始组织进化这段旅程之前，检查一下你是如何看待“改变”这件事可能是重要的。因为跟许多人一样，你可能是带着一个属于橙色的机械观来看待这个世界的……那我们得要做个升级的！让我先来区分复杂系统与繁复系统的差异。在 FAVI，他们有一个很好的比喻来解释这两个概念之间的区别。

像波音或空客这样的飞机就是一个“繁复”的系统。这个系统可能是由成千上万的零件左拼右凑地组合出来的，但是这些零件都是遵循线性的逻辑来做出反应的。就算随机抽出一个零件，工程师也能够确切地告诉你飞机是否会受到影响以及会受到什么样的影响。

另一方面，一碗意大利面却是一个“复杂”的系统，它只有几十种材料，但是哪怕是任意拉一根意大利面条的一端，即使是世界上最强大的电脑也无法预测接下来会发生什么事。

我们对于“改变”背后的心智模式常带有一个隐藏的假设，即假设组织就像飞机一样，是一个繁复的系统。根据这种心智模式，如果我们在进行分析时足够明智，我们可以规划未来两年甚至五年的变化。在制订明智的计划后，只需严格执行即可。然而事实上，组织几乎一直都是一个复杂的系统。这就是如此多的大规模变革遭遇失败的原因。

那么如何才能帮助复杂系统完成改造，展开进化呢？先仔细考虑你想要采取的第一步，以及随后可以采取的下一步行动。然后本着“感知—响应”的精神仔细聆听。牢记着这个比喻：如果我们想要厘清装着意大利面的碗，我们首先要从各个角度来观察这碗面。在认为自己已经找到了最适合拉动的一根意大利面条时，我们试着开始小心翼翼地拉动这一根面条。如果一直能够拉出面条，我们就继续拉。在遇到打结处时，就该停下来，再次好好观察，然后再拉动其他的面条。

实际上，无论我们多么聪明，组织在实施重大变革时可能会出现的所有情况，其复杂度往往会超越所有的预测与计算。这中间也不乏一些我们想不到的新机遇。与此同时，系统肯定会因为某些东西的失衡而在组织的不同位置发出噪声。我提议可以从当前最有意义的一两个变化开始，然后仔细聆听系统的下一个变化是什么。

这需要领导者展现出新的姿态，这个新姿态要能够表现出对这段改造历程的信心和坚定决心。与此同时，领导者要愿意公开表示任何预先的全面计划都不过是自欺欺人的假象。变革从来都不会是不带痛苦地顺利自然到来；我们必须做好心理准备，在一段时期内，事态将会失去平衡，混乱不清。

有些人可能会对此感到不满，并对你进行指责。他们希望你能保护他们免受痛苦，并拒绝听你说“这超出了所有人的能力范围”。但是，当心！我见过有领导者对这些见解过度反应，几乎事无巨细都抛出“痛苦是变革的一部分”来回应所有的指责。对领导者而言，这是一个特别有意思的领域：时刻准备接受有效建议的同时，也要学习如何有技巧地回应那些冲着你而来且带着误导性的指责。

## 员工当前心理上觉得自己当家做主的感觉处于何等水平？

每个开始向青色迈进的组织，在转型时都会好奇一件事：应以怎么样的速度——多快或是多慢——来进行转型？我们可以承担多大的风险？我逐渐认识到，答案往往取决于一个关键变量——员工对在其组织中觉得有能力当家做主的感觉。如果在开始转型之前，大多数员工已经对其工作与组织拥有浓厚的认同感，那么就可以加速转型，并愿意承担较高风险。在变革过程中，当出现困惑甚至是混乱时，员工们也会齐心协力，并自行组织起来建立起新的结构，化险为夷。但是，如果员工对组织和组织使命缺少共识且没有感情连接，并且工作被看成为一种负担，需要尽量找机会卸下责任时……那当这些员工能够选择享受更多自由时，不要惊讶于他们只选取自由却不愿承担更多责任。因此，我邀请你思考其中一个重要的问题，就是：

传统与层级式管理的工厂 FAVI 在采纳了自主管理的方式后就很好地说明了这一点。在从外部聘请 Jean-François Zobrist 担任 CEO 不久之后，他试图让其管理团队将权力下放给机床工人，但他们一再拒绝这个想法。在上任 9 个月后，Zobrist 决定改变策略。

那是那一年的最后一个工作日，就在工厂快要休圣诞假时，人们正在打扫车间，机器也都已经停了下来，这时 Zobrist 将所有人都召集起来，发表了一次即兴演讲。他站在货板上，分享了公司管控工人的方式，并认为这些方式很可耻。

“我已经与大家一起工作了 9 个月。在这 9 个月里，我看到了伙伴们所干的活，也看到了大家是一群有勇气，而且热爱工作的专业人士。但恰恰是我们在妨碍这样一群人做好他们的工作。我知道，对于像各位伙伴这样的人们，是不需要用上恩威并施的手段的。”

Zobrist 继续提到了若干将要有所改变的事情：不会再有打卡机；迟到也不会被扣工资；库房不会再被锁上；也不会再为管理人员提供单独的餐厅，等等。

Zobrist 最后补充道：“公司未来将会如何运作？老实说，我也不知道。但我相信，大家值得享有不同的合作方式。我现在没有其他备选的运作模式。我建议，让我们一起，用上最好的善念，怀着最好的意图，运用常识，在实践中学习。”[18]

工厂先前制定了一套奖励制度，根据工人每小时加工的零件数量给予奖励。这一制度也被废弃了，过去员工以奖金形式获得的收入如今加入到其基本工资中。

假期结束后，管理人员目瞪口呆，并对 Zobrist 大声抱怨这将会后患无穷，生产力会暴跌。Zobrist 承认，由于好奇会发生什么，他连续一周每天都会查看产能数据，结果发现产能并未下降，反而有所增长！这是怎么回事？操作工人告诉 Zobrist，在操作一台机器时，有一种最适宜的节奏，在生理上最能降低身体的疲劳感。在旧的体制中，由于每个小时都有目标要完成，他们一直故意放慢速度，甚至保持松懈状态，用以缓冲管理层随时提高的生产目标。原来多年以来，操作工人一直以一种让自己更疲劳以及让公司盈利更少的节奏在工作！

说实话，Zobrist 选择的变革方式不适合胆小者。我并不是旨在说明休克疗法是唯一或最好的变革方式。但 FAVI 的故事说明了关于心理上当家做主的重要性。从他被任命为 CEO 的那一刻起，Zobrist 就每天走进车间，与操作工人交谈。9 个月后，他知道工人们对工厂拥有强烈的感情，并感觉到他们信任并尊重他。在圣诞节突发事件后，操作工人们想要证明 Zobrist 信任他们是对的：他们会迎难而上。

AES 接管了世界各地数十个以传统方式运营的发电厂，也明白在做出重大变革之前信任的重要性。大多数情况下，他们接管的员工队伍都很消极，并且不信任最高管理层。在每次收购之后，AES 的三到四名领导者会接管发电厂中包括厂长在内的关键职位，但他们不会立刻引入 AES 的做法。他们首先试图与组织内的人员建立真正的信任。一线工人通常需要一年，有时甚至两年的时间才能感觉到他们的新任领导层有所不同，并开始关注发电厂的发展方向。只有这样才能引入如建议流程等，甚至更大的变革方式。

## 多种可以开始的路径

另一个经常被提到的问题是：我们该从哪里开始？是直接从整个组织着手，还是先从其中的一部分着手？在我收到的来信中，让我留意到不同组织尝试过多种不同方法，看起来都是值得尝试的。这里我们可以提供一些让你思考的问题，以便帮助你开启自己的组织进化之旅。

许多组织选择在一个部门内试验和尝试新方法，以便帮助组织学习和激发热情。那么接下来的问题就变成：应该在哪个部门进行试点呢？关于选择适当的候选部门，有许多相关的标准。但我认为最重要的一个可能是：哪个部门最具活力？哪个部门拥有迫不及待想要尝试的领导者？

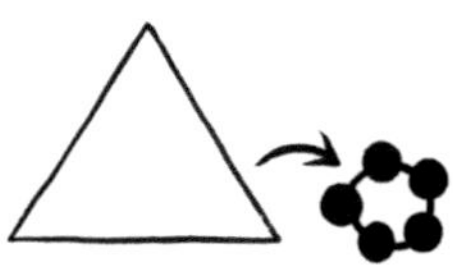

Jos de Blok 正在为博组客的两个直接竞争者提供建议，他们已经选定了一个明智的做法。他们并未改造现有组织，而是在旁边建立一个经由博组客启发、以新方式运作的独立小单位。护理人员们可以随时跳槽过去这个单位，目的是促进新部门成长起来，与此同时让原来的旧部门慢慢消亡。

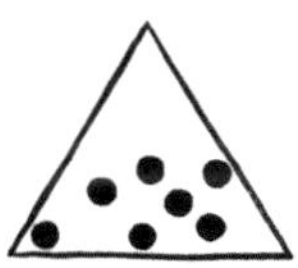

有些组织选择鼓励在整个组织范围内不受限制地进行尝试。一家拥有 6 万名员工的全球零售商的 CEO 就选择了这个方法。他向组织内的每个人都发出了公开邀请，邀请其参加一个标志着转型启动的活动。很快，该组织在全球各地的热心员工进行了登记。在此次活动中，该 CEO 分享了他的构想，然后鼓励每个人都进行尝试，放胆做一点扰动，质疑一下工作固有的处理方式，推推边际跨越一下界线。该活动的目标是通过大量的并行式试验来启动转型，并归纳出最佳解决方案。

另一种方法是立即为整个组织引入或升级某种实践。例如采用新的会议模式来实践身心的整合，或在整个组织范围内实施建议流程，或改变预算流程。最能够让组织产生动力和支持的方式，似乎就是放手让自愿的工作组自己来设计这些新流程。如果能够催发一大群员工利用开放空间或欣赏式探询等通过集体智慧引导的方式来进行共创决策，那就更好了。参与设计的人越多，每个人就越容易接受新的做法。

当然，上述四种方法是可以混合使用的。请谨记关于那碗意大利面的比喻：我们能做的就是仔细观察组织，并试着去感知哪种方法最有效。但是不要过度高估自己的力量；我们无法提出一个完美的计划。在尝试实践多种不同的方法和观察即将发生的事情时，可能会帮助我们领悟到一点智慧。在某些地方，我们将见证出乎意料的能量被释，甚至比我们想象的更为迅速、更为欢欣地打破那些旧制度、旧系统。而另一些尝试可能会陷入困境。虽然这些都是难以预测的，但我们可以保持聆听并迅速做出调适，使成功的经验得以累积，并从挫败的经验中持续学习改进。

## 顺势而为：随着能量走

那么究竟应该从何处着手？由于有太多可能的着手点，我看到有些组织对这个问题几乎感到不知所措。我们习惯于认为在采取行动之前需要深入分析所有事情，但这使得第一步变得举步维艰。以下两个观点或许会对你有所帮助，这两点都是与倾听有关的（以“感知—响应”为本的原则）。

首先是 CEO 要聆听自己内心的热望。在内心深处，你最渴望的是什么？哪些改变对你来说是意义深远的？这种改变更多的是关于自主管理、身心整合，还是持续进化的使命？在厘清这些问题之后，有关第一步的一些问题可能会变得显而易见。有些人可能会对焦点都放在 CEO 身上而感到疑惑，毕竟青色组织的建立是与分布权力相关的。然而在变革过程中，确实存在我们会反复遇上一个深奥的悖论：为了摆脱现有金字塔形的模式，需要一位立场坚定、内心强大的 CEO。因此，我认为为了促成组织的进化，我们应该欢迎 CEO 该有的权力，而不是为了反对而反对。

其次，我们要倾听组织。此处的关键问题是：哪些变革释放出最多能量？目前那些能量被卡在何处或在何处有待释放？在有些组织中，可能是消耗了大量精力在制作一些已经没有人再相信的预算，也可能是一个会使一切工作放缓的烦琐审批机制上，或是缺乏工作意义和使命感，又或是存在一种“交易型文化”，其中每个人都戴着一个面具在担忧恐慌中进行互动。不管是在哪里，谨记顺着能量走，以上提及的都可能是给予顺势切入的机会，变革过程可能就会在被释放的活力的刺激下如同滚雪球一般越来越快。

## 自我纠正的重要性

在转型过程中，许多组织迫不及待地想要摆脱所有令人窒息和沮丧的控制机制，摈弃一切厚重的规则和程序手册、需要从高层处获得的层层批准等等。但那之后又怎样？有些人很乐意将一切都押在信任上，另一些人则对完全放手所带来的风险感到紧张不安。我认为，我们需要清晰地认知到，青色组织是以全新的方式进行控制的，而非任由组织失控。且让我们先弄清楚一个误解：实际上控制是有用的，也是必要的。自然系统也是需要控制的。例如我们身体的温度，它需要处于一定范围内，否则我们就会死亡！但大自然并非通过规则手册来实现控制，以期待阻止所有问题的发生。控制包含在组织的自我纠正能力之中，我们对这一概念并不太熟悉，但我们应该尽快将之熟悉，因为这一点对青色组织来说具有极其重要的影响力量。

想要预先将自己从风险中隔离开来几乎是不可能的。我们可以不断添加规则和审批机制，但我们永远都无法确保万无一失。我们怎么可能会预见一切可能出错的风险呢？但我们肯定知道会发生的是，这样做会扼杀组织的创造力和主动性。因此，除了最不能容忍的风险之外，不要企图预先防止出错，而是要勇敢探寻：多快能够发现问题？是否会有人挺身而出，纠正错误？[19]

一个常见的错误是在摆脱现有控制机制的同时，却未落实让系统可进行自我纠错所需的规定。

举个实际的例子吧：报销差旅费用的政策。许多大型组织都有一整套规定和审批流程，规定准予出差的人员、可购买的机票类型和入住的酒店。或许你渴望摆脱所有控制，但是如果不再有任何控制，那么成本会不会急剧上升以至于达到失控的地步呢？

一家全球零售连锁公司决定信任其员工，员工无须获得其经理的批准，甚至无须告知其经理，即可自行对其差旅进行预先安排，此举有力地标志着时代已经不同了。数月之内，该零售连锁公司发现差旅费用大幅增加。经过一番分析，该公司发现差旅费用的增加是非常正面的积极表现：这并不是因为员工都突然改乘头等舱，而是因为员工变得更加主动，进而导致出差次数增多。但在所有差旅中，还是存在少数看起来像是胡作非为的情况。有些时候，信任总是会被滥用，这就是生活的一部分。问题并非是我们应该继续信任还是不再信任，而是我们的系统是否拥有快速自我纠正的能力。为了让系统具备自我纠正的能力，需要做到以下三点：

1. 对正确言行的标准达成共识。可以组建一个志愿者团队来定义并设计一些守则或指导手册，来帮助员工在不同的工作场景下做出正确的决定。

2. 追求用最少资讯量让问题迅速地被透明化，并在整个组织内透明共享这样的信息。

3. 可供开展对话的讨论会，以便激发自我纠正行为。即使我们有数据，但若无人关注和讨论这些数据信息，那么什么都不会发生。

说回我们的例子：当其他所有人都乘坐经济舱出差时，一个人想要指出乘坐头等舱出差的同事的问题也还是需要勇气的。如果能有一个会议空间，例如一个季度会议对同事们的差旅费进行复盘，那么改进就会变得容易得多。

每当摆脱一个重要的控制机制时，要注意以上这三个条件，以便组织能够进行自我纠错。如果忘记了这一点，那你不要意外系统在越过某个临界点后会“自行地”纠正过来……甚至会帮忙纠正其自我纠错机制缺失的“元问题”！这就是那家全球零售连锁公司的经历：该公司目前已经实现了差旅费用的透明化并召开了讨论会对数据进行讨论。

## 同仁们会如何反应和接受？一些你可以期待会发生的事情……

我持续不断地、一致性地从那些踏向青色组织转型之旅的组织了解到一个有趣的发现：哪些人会支持转型，以及哪些人会抵制转型，其结果与这些组织原来的预测往往相去甚远。有些消极甚至是愤世嫉俗的人会突然爆发出热情并通过各种举措给每个人带来惊喜。而另一些被视为天然拥护者的人却出乎意料地抵制转型。由此造成的后果是，即使你的直觉告诉你在计划启动时少数你信任的人将成为拥护者，最好还是通过发出公开邀请的方式来开启组织进化之旅，并看看哪些人会最终成为真正的支持者。

另一个不断从实施自主管理的公司处获得反馈的主题是，如果处于金字塔底层的员工信任组织，同时心理上觉得自己可以当家做主的感觉足够强时，那么他们将很快接受这些变化。另一方面，大多数高层和中层管理人员以及职能部门的员工会将向自主管理的过渡视为一种威胁（至少在一开始是这样）。不要指望他们会愉快地接受自主管理。即使在最好的情况下，他们也要面对自己失去其行使等级特权的唯一方式。更可能出现的情况是，他们的职位将完全消失，使其不得不在组织内部或外部寻找新的工作。在 FAVI，Zobrist 很得体地处理了这个问题：他明确表示团队可以进行自主管理，并且不再需要主管、经理和众多后台职能岗位。没有人会被解雇，但为员工寻找新的工作并不是他的职责。他建议这些岗位的员工花点时间四处看看，与同事进行交谈，主动寻找或创造他们可以提供价值的角色。想一想：大多数公司拥有比他们更多的想法和项目。突然之间，一些最聪明的人获得了自由，他们可以实现这些构想。有些人则可能宁愿在另一家公司中担任管理职位，同时他们能在这一转型中可以获得财务支持。

留任的管理人员在一开始往往会经历“幻痛”。以往行使权力的方式不复存在，他们必须学习促成事情发生的新方法。留任的员工在一段时间后都会一致报告说，组织内欺下媚上的现象渐渐消失，当管理者不再有需要每天思考如何挖空心思讨好老板以及激励和约束下属的压力后，他们感觉有多自由。

# “CEO”的角色

我注意到在青色组织中，“CEO”的角色往往有些被搞乱了，甚至是否仍旧需要 CEO 一职都值得存疑。开展向青色组织转型的 CEO 常常想知道他们在转型过程之中和之外应该扮演什么角色。你可能已经注意到，我讨论的所有组织都拥有相当强大的创始人或领导人，例如，博组客的 Jos de Blok、FAVI 的 Jean-François Zobrist、晨星公司的 Chris Rufer 等。CEO 与自主管理该如何共处？为什么在不存在金字塔结构的情况下，仍然会存在 CEO 呢？让我们来仔细看看这一点：为了发展出一个新的视角，这是另一个我们需要重塑自己的领域。

切记，我们的目标并非要做到人人平等（参见第 94 页），而是要让每个人都有强大的可能性。Jos de Blok 和 Chris Rufer 也必须像其他人一样遵守相同的规则。例如，不同于传统的 CEO，他们无权强制推行任何政策，必须使用建议流程。但我们的目标并不是要降低其威望——这将如何有利于组织？——而是要尽量发挥其天赋、技能和力量，正如发挥其他人的天赋、技能和力量一样。

几乎我研究的所有组织都不再使用传统的职称系统，而是每个人都拥有若干细化的角色。你可能还记得博组客的护理团队没有团队领导。诸如“领导者”之类的各种角色功能在团队成员之间进行了分配：一名团队成员可能会负责进行假期规划和招聘，一名成员会负责财务情况，而另一名成员则会负责管理与当地医院的关系。同样，我们不再将 CEO 视为一项全职工作，而是更细致地看待这一职位应有的责任。

## 不止一个，而是更多的角色……

CEO 的许多传统职责都会消失，例如他们不再需要设定目标、审批预算、担任管理团队的主席，也不再需要做出升职决策。然而通常会保留两项传统“CEO”（没有一个更好的词）的职责（不过也可将这两种职责分配给其他同事）：

- 一项是充当组织对外的公众形象，因为客户、供应商和监管机构往往希望能够与大老板交谈。“CEO”也可以在内部发挥这一作用，例如支持新员工入职流程，与新员工分享组织的一些历史、价值观和使命。
- 另一项重要的角色是成为感知者，感应组织想要往哪里发展。当然，组织中的每个人都可以充当感知者！但在许多情况下，组织中的员工都认可创始人或“CEO”感知和阐明组织发展方向的能力，同时员工们也很乐意让“CEO”扮演这一角色。[20]

## 额外的新角色：护持一个创新空间

这是一个开始走到前台、让人留意的新角色。青色组织的运营原则与广泛接受的主流管理思想大相径庭。因此，创始人 / CEO 的关键职责便是为实施青色结构和实践“护持一个空间”。无论何时出现问题，总会有人要求回头采取一些过往行得通的解决方案：多加一条规定、多建一个控制系统吧；把问题集中在某个人的职能下处理吧；将流程的步骤写得更清楚吧；将来由更高层来做出此类决策吧…… 这些要求可能来自不同方面——有时候是董事会成员要求实施更多控制，有时候则可能是员工或客户提出要求。CEO 必须再三确保重申新的实践，同时还要再三确保传统的管理方法不会死灰复燃。来自 FAVI 的两个小例子很好地说明了这一点。

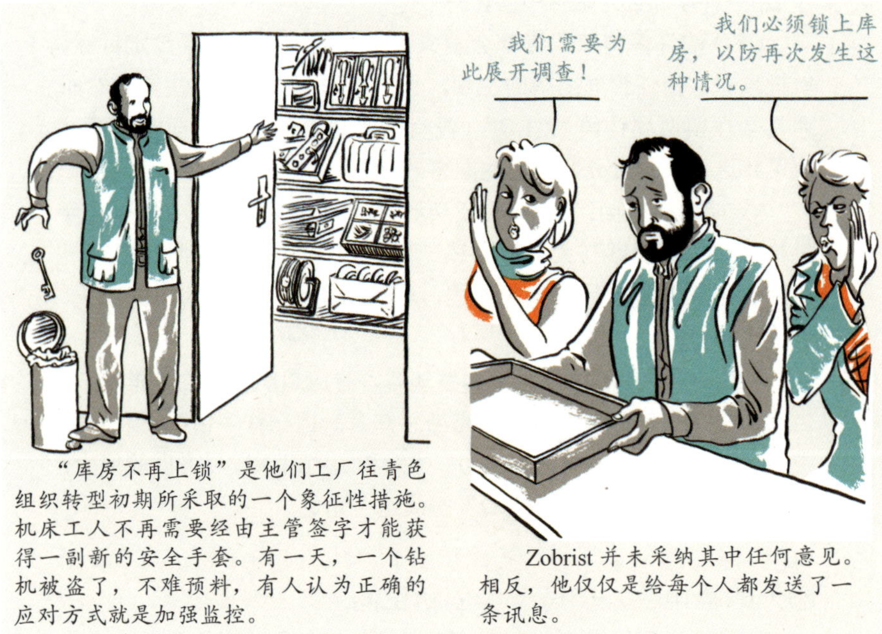
“库房不再上锁”是他们工厂往青色组织转型初期所采取的一个象征性措施。机床工人不再需要经由主管签字才能获得一副新的安全手套。有一天，一个钻机被盗了，不难预料，有人认为正确的应对方式就是加强监控。
我们需要为此展开调查！
我们必须锁上库房，以防再次发生这种情况。
Zobrist 并未采纳其中任何意见。相反，他仅仅是给每个人都发送了一条讯息。

偷钻机是一种愚蠢的行为。如果你需要在周末使用钻机，并且刚好有一个备用钻机，那你可以借用。但是任何偷窃之人，一经抓获，将立刻被解雇！
这就是解决问题的办法。被盗的钻机只是个别事件，库房仍然没有被锁上。

一天，有女职员报告称有人在女洗手间的墙上画了男性生殖器官的图案，Zobrist 也采用了类似的处理手法。有些人很生气，并要求展开调查。Zobrist 按照其一贯的顽皮风格，在女洗手间门前放了一个挂纸白板，并在上面写道：

就像钻机事件一样，这一问题再也没有出现过。这些都是突发性的小事件，但我们仍须小心：通过旧日好用而方便的控制手段来寻求安全以及避免伤害的诱惑仍然是巨大的。当然，还有一些更为复杂的问题——例如监管机构坚持要求采取某种控制机制，或者某些软件包是针对分等级的工作流程和授权而设计的。在这些情况下，想要护持一个创新空间通常需要采用一些非一般的解决方案。AES 在华尔街公开上市，而这却伴随着一条强行规定，即只有被认定为"内部人士"的员工才可以看到可能影响其股票价格的内部信息。但 AES 的自主管理形式依赖信息的广泛公开共享。因此，AES 不像典型的上市公司那样只有少数"内部人士"，而是有多达成千上万的"内部人士"！他们都受到通常仅适用于高管的"交易锁定期"的限制，在此期间他们无法交易公司的股票。

## 成为自主管理、身心整合、持续进化的使命的榜样

青色组织的创始人和 CEO 们必须承担的另一个具体职责是尽其所能地亲身示范发展自主管理、身心整合和持续进化的使命所需的行为。以身心整合为例，如果创始人或 CEO 自己都隐藏在职业面具背后，那么其他员工几乎不可能冒险去充分展现自己。雅音公司的创始人兼领导人举出了一个如何为会议开始时常用的“人到心到”签到流程带入更多深度的例子：

> “‘人到心到’其实可以有不同的深度。我们大可以在签到时表示：‘是的，我还好，一切都很不错。’但我也觉得你可以是一个能够踏入内在较深的层次分享的人……这并不需要很多人，一到两个就足够了。我总是愿意充当这个人。”[21]

## 剩下的，则与任何其他员工一样

在组织实施自主管理之后，之前的“CEO 们”会突然发现自己有很多可用的空余时间！他们之前的时间被一个又一个的会议完全占用了，通常要提前预订几周的预约才能将一些决策定下来。现在决策过程分布到整个组织系统之中。当我拜访总部位于佛罗里达州的液压阀和歧管设计与制造商升旭液压时，我深刻体会到了这一点。当我见到该公司的 CEO Allen Carlson 时，我问他能否让我看看他本周的日程安排。各位，请注意，升旭液压是一家在纳斯达克上市的公司，并且在德国、英国和韩国均设有子公司。然而，整个星期下来他只安排了四次会议……其中有两次会议还是与我会面！许多正在向青色组织转型的组

织也出现了类似的现象。数名“CEO”向我讲述了几乎完全相同的故事：他们休了三个星期的假，却没有接到任何一个来自办公室的电话！

那么创始人和CEO们现在还有什么事可做呢？他们的一部分时间将用于履行上文所述的四项职责（充当组织的公共形象、感知、护持创新空间和当一个榜样）。这往往会给他们留出很多空余时间，他们可以利用这些时间开展创造性工作，可以像任何其他同事一样，主动采取行动或加入其他人的行动。他们可以履行与其才能和兴趣相符的运营职责。他们告诉我，从个人层面上来说，他们对此深感满意。和其他人一样，他们通常是富有创造力的人。但在过去担任传统的CEO的那些年中，他们根本没有空间去做这些创造性的事情。

## 如果你不是CEO，那你可以做些什么呢？

有些人想在工作中采用青色组织实践，但其CEO却对这些想法并不感兴趣，我与这些人进行了多次对话。由于无法得到CEO的支持，该组织的大规模转型并未被纳入考虑。CEO不会接受从他们角度来看毫无意义的新做法。然而，如果你想以某种方式帮助整个组织变得更好，而不是“垂直地”以一种进化的模式向青色组织转型，那么我建议最好将精力花在“水平地”、属于同一层次的改变上，例如从不健康的橙色组织转向一个比较健康的橙色组织。橙色组织也可以是一个充满活力和创新的地方，其中的目标管理制度为员工提供了使用策略和表达自己的空间；同样，橙色组织也可以是一个受到一大堆规章流程、预算和表面的目标所制约，而令人灰心丧气和倍感压力的地方。作为中高层管理人员，你可以支持从橙色组织的角度看来有意义，同时最高管理层又可以接受的变革（如变得更为敏捷与客户导向）。

## 在你可以直接影响的地方，可做的事往往比你想象的要多

在你所管辖的区域中，对于在你手下工作的员工而言，就有更多的可能性。例如可以采纳所有与身心整合相关的做法。如果你懂得巧妙地采用这些做法（当然是通过邀请的方式，而不是强迫员工这么做），可能不会被最高层的领导者所察觉。高管们可能会听说这些做法并觉得稍微有些奇怪，但如果这些做法能够让员工心情愉快并保持积极性，何乐而不为呢？

但在自主管理和持续进化的使命方面，你会更快地影响到组织的其他部门。例如如果完全取消组织的层级结构，很快公司上下都会响起警报。虽然如此，有些事情你仍然是可以做的。你可以在团队中引入建议流程，或者可以改变任命流程，例如你的一名直接下属跳槽后必须找人接替他的工作。

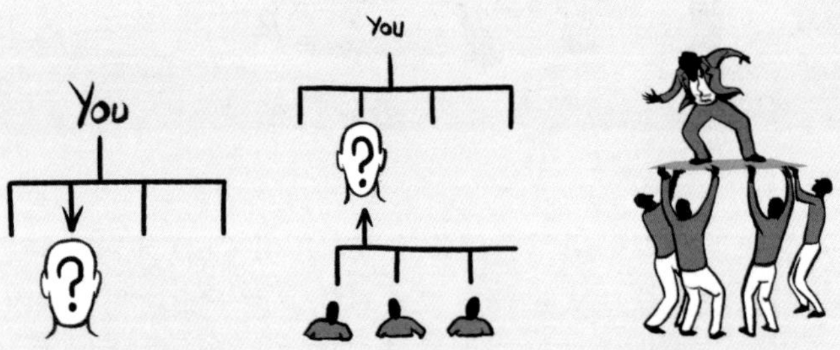


比起自己面试候选人并任命接班人……

……为什么不让下级员工写下他们对领导者的期望，进行面试并选出人选呢？

根据经验，员工们在挑选老板时通常会把门槛设得很高，并且最终结果会很好。而新任老板们一开始如履薄冰：团队都希望领导者能取得成功，以便证明自己做出了正确的选择。

这种新的做法不仅仅是象征性做法，它以深刻的方式改变了管理人员与直接下属之间的权力结构。你可以在这中间混合更多的新尝试（除非人力资源政策的确把你的手反绑起来）：对于年度评估讨论，你可以采用同侪评估的方式（参见第 124 页）而不是采用传统的老板—下属的一对一方式；甚至你可以为自己的下属引入基于同侪的绩效评估方式来决定加薪和奖金。所有这些变化——如何做决策、如何任命与评估员工以及决定员工的报酬——都可以帮助省下大量精力。管理者无法再通过恐惧来控制员工，而是需要采用更有意义的协作方式。然而，至少对外部世界来说，金字塔型的结构看起来还是能维持原形的。

我曾经遇到过一名中层管理人员将一种做法称为“玩两手”：一方面你参与来自更高层所采用的某种实践，但另一方面你也不会将这种实践贸然地向下延伸。假如你所在公司的预算流程已经变得毫无意义，你甚至可以对预算和目标等事项也采取同样的做法。虽然你不得不遵守上级制定的规则，但你也许可以让此类实践止步在你这一级别里，并让你手下的人采用更具成效、更有活力的方式来设想未来。

## 先问：你还会待多久？你愿意冒多大的风险？

在引入此类变革之前，我们需要先问自己两个问题。第一个问题是：你实际上还会在当前的岗位上待多久？如果你认为自己在一两年内可能会调至其他岗位，那么太过激进的做法可能是不明智的。除非你的继任人恰巧也是一个像你一样的开拓者，否则他可能会走回老路，而你的团队成员可能会感觉受到欺骗。先问：你愿意在现在的岗位待上五年吗？你愿意放弃将来可能到来的晋升吗？

第二个问题与你愿意承担的风险有关。倾听自己的内心并问问自己：如果真的走到那一步，你是否愿意被打上特立独行的标签？你是否能承受因此而失去工作的风险？我并非建议你应该这样做，但是了解你对风险的忍耐程度有助于你判断自己有多大胆。

我经常与那些告诉我他们已经受够了并且想要辞去高级经理职位的人进行交流。我想反过来问他们："如果你因为当前的管理模式不适合自己而想离职，那你为什么不在你能影响的范围内做出所有你想要进行的改变？我的意思是，可能发生的最糟糕的事情也不过是丢掉工作！而你不正好就打算辞职吗？"当然，每个人的情况都是不一样的，我不可能知道我面前的人被要求做什么，但我认为探索这种可能性是值得的。这个过程最后可能被证明为不过是又一次教训而已，但谁能知道结果会怎样呢？在这个过程中，你对自己的身份认同，以及人们看待你的方式可能会发生变化，你可能会遇到很多有趣的人。也许这就是开启人生旅程中下一步的最佳方式。

# 总会有一种更加简单的方法[22]

在《重塑组织》一书出版后的某一天，我意识到有两种完全不同的方式可以来探讨这一切。一种是青色组织是个前沿的理念，是某种很少人能够真正理解的理念，因而组织转型是有风险的，需要大量的时间和精力。这也是我们大多数人的直观感受。

还有另一种看待青色组织的方式是：青色实践是一种更简单、更直观和更自然的行事方式。我们当中的大多数人渴望顺应自然的层级分布，渴望能够让我们完全投入其中的社群，渴望能够为我们提供指引和有意义的使命。在经历足够的学习（或放下）之后，我们最终能够以更简单的方式去完成工作。

让我们用组织结构的例子来说明这两种看法。我们大可以看着“自主管理”并说道：哇，没有金字塔层级结构，我们要如何运作呢？那一定是无比复杂的！但还有另一种看待方式，让我试着用可视化的方式来表达一下。在晨星公司，每个员工每年都会与他们最密切的合作伙伴签订协议（大致内容为：这就是我所承诺的以及你可以指望我做的事情，你同意吗？），下图描绘了晨星公司的这些协议。

每个点代表一名员工，每条线都是两名员工之间签订的协议。你可以说，这就是晨星公司的组织结构图了。实际上，这才是每个组织真正的组织结构图的样子。组织的任务就是靠这个来完成的。

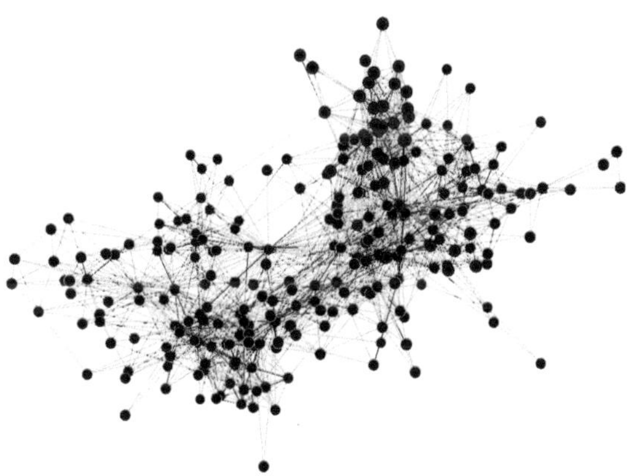

但是，我们却将一个完全不同的结构强行加入这个自然的方式中，并以此来完成工作，一切因而变得扭曲而复杂。实际上，哪个结构更简单呢：是金字塔结构，还是自主管理结构？我相信答案是金字塔结构更容易理解，因为我们已经习惯了这一结构。但是自然有机发展的结构却更为简单、自然及直观。无论如何它都是始终存在着，既动态也在持续演化中，因此我们要试着认识和使用更接近自然的结构，而不是尝试在其上再硬加另一个结构。

青色组织中的任何其他实践亦是如此。这些实践都不复杂，绝不是什么“登月工程”。以建议流程为例：在某些方面，你应该向那些了解主题的人以及那些必须接受你的决定的人征求建议，这难道不是显而易见的事吗？如果你试图做出最好的决定，不是自然就应该这么做吗？想一想 Jos de Blok 的故事和 24 小时决策周期（第 85 页），这比我们通常采用的层层上递的决策方式要简单多少？再想想晨星公司自行制订的加薪计划（第 91 页），都是如此地美妙简单，而且它还能减少所有关于薪酬的争论和抱怨。

身心整合方面也是如此：我们可以说出很多有关让同事们在工作场所完全放开自己有多难的故事。然而，一旦你创造了一个真正安全的空间，人们会不断以更深刻、更真实的方式展现自我，仿佛他们为此已经等待了很长时间一样。任何身心整合的实践都不一定需要具备高学历才能实施。5 分钟内即可学会在会议中使用那个铜钹（第 120 页）。

那么我们该相信哪种看法呢？我认为两者都有道理。青色实践确实相当简单，比我们已经熟知习惯的管理方法要简单得多。但若要做到简单，就要学会“放开”旧有的做法。对于我们这一代人来说，向“青色组织”转型的过程主要是如何放下机械而繁复的做法，以便采取更简单直接的方式让一切持续发生。

## 这些都只是刚刚开始

我们当中的许多人认为如今的管理确实存在诸多令人头疼的问题。多亏了非凡的先驱者——博组客、RHD、晨星公司、海利根菲尔德、AES 以及 FAVI 等公司的创始人——我们才能意识到如果我们在建设组织过程中，不再将组织视为一台机器，而是视为一个活性的系统，并且从自然和进化中寻求灵感，那么我们将开启何种可能。除此之外，我们还掌握了可以帮助我们建立有灵魂和有使命的强大企业、非营利组织、学校和医院的结构、实践和文化建设。

当然，所有这一切将会持续不断地涌现与迭代，我不认为我们已经看到了未来的全貌。随着越来越多的人和组织开始追随这些先驱者的脚步，他们将通过超越自我和创造新的实践来丰富和完善我们对这一新兴模式的理解。

对于使用“组织模式”这一术语，我是有点感冒的，因为这貌似是通过一种一成不变的规定性方式将其理解为必须严格执行的一系列结构和实践。我不再相信我们需要像设计机器和建筑那样客观地从外部设计和塑造组织。我们所能做的就是从这些先驱者那里寻求灵感，以便从组织内部唤醒新的存在方式与新的运作方式。归根结底，这主要涉及你自身所在组织的生命系统，以及身处其中的个体。而这个生命系统和个体受到感召去做些什么？使之成为什么？

对于当下的我们来说，这是一个非常时期，既令人困惑，但又充满了可能性。至于如何开辟这条新的道路，将由我们来决定。当我们开始向更有活力的组织转型时，有一句流传自美洲土著部落的古老谚语似乎特别中肯：

# 可供进行更深入了解的资源

随着越来越多组织中的越来越多的伙伴都决定向青色组织迈进，《重塑组织》一书正开始演变成一场运动。这真是激动人心的时刻！从这一运动中，已经发展出了一系列的项目，而且更多的项目正在制定中。在某种程度上，这本书产生了一个完整的小型生态系统，为正在向青色组织转型的组织中的人们提供了实际支持。以下为其中一部分资源。登陆 reinventingorganizations.com/resources 可查看内容更加丰富的最新资料列表。

## 重塑组织

《重塑组织》一书的广度和深度无疑都比该插图版要高出许多。如想进一步了解，该书结尾处有一个建议书目清单。

## 维基

一百多位读者聚在一起共同创建了一个维基知识页面。每个青色实践都有其相关的文章，这些文章有时比本书更加深入。若想创建一个基于建议的薪酬系统，可在维基上找到关于该主题和实际示例的非常详细的讨论。维基的目标是跟上随着时间的推移而从《重塑组织》一书中发展出的最新思想。

## 新闻中心

两位读者创建了一个名为“活力边缘”（Enliving Edge）的时事通讯和网站，其目的是分享和引用关于向青色组织转型的组织方面的新闻，并且很快吸引了更多读者加入他们。这是一个很好的资源，可以随时关注正在发生的事情，并受其鼓舞。

## 对话平台

许多正在对组织进行改造的领导者希望与志同道合之人交流。我们建立了一个在线对话平台，在这个平台上他们可以互相讨论、互相学习。

## 聚会

在越来越多的城市中，人们组织聚会或实践社群来进行分享以及为彼此提供灵感与支持。在网上进行搜索可以找到小组，或者干脆自己创建一个小组。

# 找到属于自己的群体

除了我刚才强调的与《重塑组织》相关的资源之外，还有更多的资源。我们目前正见证着该领域内活动的真正爆发。有时，想法成熟了，随时会有观点被提出。也许你知道在 17 世纪，微积分并不是被一个人发现的，而是至少被两个人发现的。莱布尼茨（Leibnitz）和牛顿（Newton）同时发现了微积分，费马（Fermat）等人也同样在这条发现的路上。想想看，这是非同寻常的：在人类 10 万年的历史中，从来没有人为微积分费心过。但突然间，人们意识到了什么，然后就引发了科学的飞跃。

这就是现今管理和组织所发生的事情。我研究过的许多组织的创始人都开始感受到这些呼唤，这样的组织如今已有了数千家。《重塑组织》只是其中之一，一种观察当前组织发展情况的方式。还有更多的人以及正在蠢蠢欲动的力量进入这场运动之中。

例如，“敏捷”（Agile）和“敏捷开发”（Scrum）就是两个通过将自主管理和一种形式的“感知—响应”引入编程项目从而从根本上改造 IT 界的相关运动。“合弄制”（Holacracy）是一种精心设计的一揽子自主管理“运营系统”。该系统拥有陡峭的学习曲线和一种最初令人不快的用语，但许多坚持使用该系统的组织对其极为推崇。“全体共治”（Sociocracy）是一种早期的自主管理制度，它激发了合弄制的灵感并拥有自己的追随者。有学者围绕相关的观点建立了社群，例如，奥托·夏莫（Otto Scharmer）的“U 型理论”（Theory U）和“U 实验室”（U.Lab）、罗伯特·凯根（Robert Kegan）的“锐意成长的组织”（DDO，Deliberately Developmental Organizations）和加里·哈默尔（Gary Hamel）的“MIX”，这仅仅只是其中一部分例子。

以上只是其中一些规模较大的运动，但似乎过去的每周都会有人创造出一个框架来表达正在发生的情况，会有会议探索新的工作方式，会有组织站出来分享其如何改造了自身，还会有一本与该主题相关的新书出版。这是激动人心的时代。形势一触即发。在此期间，鼓励大家去找到自己的灵感来源和自己所属的群体。

# 注释

## 1

来自不同领域的诸多研究人员研究了人类的意识进化。众所周知，Abraham Maslow 研究人类的“需求”如何随着人类“意识”进化历程而演变，从基本的生理需求一直演变到自我实现。其他人则通过世界观（如，Gebser）、认知能力（Piaget）、价值观（Graves）、道德发展（Kohlberg、Gilligan）、自我认同（Loevinger）、灵性（Fowler）和领导力（Cook-Greuter、Kegan、Torbert）等方面研究了这种意识的发展。

研究人员在探索过程中一致认为人类意识是分阶段进化的。不同于不断生长的树木，人类是通过阶跃性变化来进行意识进化的，正如毛毛虫变成蝴蝶以及蝌蚪变成青蛙那样。如今我们在人类意识发展层次方面的知识极为丰富。在比较和对比所有主要的层次模型后，Ken Wilber 和 Jenny Wade 这两位思想家做出了杰出的工作，并且发现了这些模型有很强的趋同性。每个模型关注点就像是一座山的一侧（例如一个关注需求，另一个关注认知），但这些模型关注的都是同一座山。他们可能会为这些层次取不同的名字，或有时以不同的方式对这些层次进行细分或重组。但根本现象还是一样的，就像是华氏温度和摄氏温度虽然叫法不同，但两者都发现水会在某个温度点结冰，又会在另一个温度点沸腾。这一发展观得到了来自大量数据库的有力证据的支持；其中，Jane Loevinger、Susanne Cook-Greuter、Bill Torbert 和 Robert Kegan 等学者，对处于多种不同的文化背景以及组织与企业环境中成千上万的人测试了这一发展层次理论。

我描述这些层次的方式借鉴自许多研究人员，尤其是 Wade 和 Wilber 的“元分析”（meta-analyses）。它简要介绍了各个意识层次的不同方面——世界观、需求、认知发展和道德发展。我为每一个层次，以及相应的组织模型，皆配对了一个名称和一种颜色。为这些层次命名总是十分艰难，单个形容词永远无法捕捉到人类意识在某一层次的所有复杂现状。我为每个层次选择了我认为最能唤起感情的形容词，有时是借用现有层次理论的标签，有时是选择使用我自己制作的标签。整合理论（Integral Theory）通常没有名称而只是用颜色来代表那些层次。有人觉得这种颜色编码会令人印象深刻，因此在本书中我经常会用相应的颜色来指代一个层次［但这不应该掩盖一个现实——让我们加上这句话以免出现任何误解——即，我对意识的各个层次的描述方式源于我对不同学者的作品的个人总结，尽管描述的方式大体是一致的，但也可能与整合理论描述同一阶段的方式并不完全相同，也与使用类似的颜色方案，并因螺旋动力学（Spiral Dynamics）而出名的 Clare Graves 的作品不同］。

2

该层次对应于 Loevinger 和 Cook-Greuter 的“自我保护”（Self-protective）、Kegan 的“以我为尊”（Imperial）、Torbert 的“机会主义”（Opportunistic）、Graves 的“CP”、螺旋动力学的“红色”（Red）、Piaget 的“（概念上的）前运思阶段”、Wade 的“唯我中心”（Egocentric）等。

3

据维基百科所示，在灰狼群中存在一只侵略性且占主导地位的“阿尔法狼”的想法已被狼生物学家和研究人员所否认，而狼群中所谓的“阿尔法狼”不过是种狼而已。这则新闻引发了一场有趣的讨论。如果过去我们将这种统治地位投射到狼群中的“阿尔法狼”身上，这可能只是因为我们人类长期以来都是这样运作的。研究人员最近开始察觉狼群中更加微妙的关系可能表明我们人类自身开始从更复杂的世界观角度行事。（另一个有趣的可能性正好与这种观点相反：透过“绿色”透镜看世界的研究人员可能不想看到阿尔法行为的存在，而为“狼性”也套上多元意识的视角进行解读。问题是：我们并不是看到世界原来的面貌，而是从我们自身角度投射的世界。）

4

Loevinger、Cook-Greuter 和 Wade 等人使用了“因循者”（Conformist）一词。该层次对应于 Gebser 的“神话期”（Mythical）、Loevinger 和 Cook-Greuter 的“因循者”、Graves 的“DQ”、螺旋动力学的“蓝色”（Blue）、Kegan 的“规范主导”（Interpersonal）”、Torbert 的“礼节主导”（Diplomat）和“专家”（Expert）、Piaget 的“具体运思阶段”（Concrete Operational）等。

5

“成就”一词借用于 Wade。该层次对应于 Gebser 的“理性期”（Mental）、Loevinger 和 Cook-Greuter

的“自我意识”（Self-aware）和“良知期”（Conscientious）、Kegan 的“自主导向”（Institutional）、Torbert 的“目标追随”（Achiever）、Piaget 的“形式运思阶段”（Formal Operational）、Graves 的“ER”、螺旋动力学的“橙色”（Orange）等，通常简称为“现代性”（modernity）。

## 6

该层次对应于 Loevinger 与 Cook-Greuter 的“个人意识主导”（Individualistic）、Torbert 的“多元意识型”（Individualist）、Wade 的“亲和期（Affiliative）”、Graves 的“FS”、螺旋动力学的“绿色”（Green）等，通常简称为“后现代性”(post-modernity)。

## 7

第一项主要研究始于 1992 年，当时哈佛商学院教授 John Kotter 和 James Heskett 在其著作《企业文化与表现》（*Corporate Culture and Performance*）中研究了这一联系。他们证实，在 11 年的研究期间，拥有强大的企业文化以及被赋权的管理人员 / 员工的公司在收入增长（4 倍）、股价增长（8 倍）和净收入增长（700 多倍）方面的表现都优于其他公司。Raj Sisodia 和 John Mackey 撰写的《觉醒的资本主义》（*Conscious Capitalism*）一书中有一整章内容提及了类似研究，有兴趣的读者可以参考。

任何试图宣扬某一组织模型优于另一组织模型的研究都必然会遇到方法论上的限制：选择性偏差的风险是真实存在的（例如如何“客观地”选择哪一家公司是“绿色的”或文化驱动的？）；几乎不可能过滤掉除管理模型以外的其他诸多决定一个组织成功与否的因素（战略、商业模式、资产、员工、专利等的质量；更不用说纯粹的好运了）；在原则性的层面上，我们可以像大多数研究一样将股东回报或增长作为衡量成功与否的主要标准。也许实际上直接经验比学术论断更重要。在西南航空（Southwest Airlines）等公司工作的人最终都会相信，在价值观驱动型公司中，被赋权员工的平均绩效会优于其在更为传统的环境中工作的同行。

## 8

该层次对应于 Gebser 的“整合”（Integral）、Loevinger 的“统一”（Integrated）、Cook-Greuter 的“构建—察觉”（Construct-Aware）”、Kegan 的“个体间”（Interindividual）、Torbert 的“战略家”（Strategist）和“炼金术师”（Alchemist）、Graves 的“AN”、螺旋动力学的“黄色”

（Yellow）、Maslow 的“自我实现”（Self-actualization）、Wade 的“真实”（Authentic）等，通常简称为“整合性”。

## 9

Ernst & Young, Maatschappelijke Business Case (mBC) Buurtzorg Nederland, versie 1.1 (Netherlands: 2009).

## 10

据维基百科所示，群集行为是鸟类、鱼类、细菌和昆虫等诸多生物会展现出来的一种集体动物行为。群集行为被视为一种由个体遵循的简单规则所引发的，并且不涉及任何中央协调的涌现性行为（an emergent behavior）。1987 年，Craig Reynolds 首次在计算机上模拟了群集行为。群集行为的三个基本模型受简单规则控制：

1.“不靠近”法则 (separation) —— 避开拥挤的同伴（短距离—排斥效应）

2.“相互追随”法则 (alignment) —— 助推同伴（以及自己）以大群的方向前进

3.“不离群”法则 (cohesion) —— 靠近同伴的平均位置（长距离—吸引效应）

利用上述三条简单的规则，就可以以极其真实的方式将群集的移动模式模拟出来。

## 11

“建议流程”的坚定支持者 Dennis Bakke 撰写了两本书，我建议任何想要了解这一决策方法的变革力量的人都读一读这两本书。《工作中的快乐》（*Joy at Work*）一书讲述了 AES 的故事。AES 是一家极为成功的能源公司，在 20 世纪 80 年代和 90 年代采用了建议流程。该公司在 30 多个国家中拥有 4 万名员工。《决策者》（*The Decision Maker*）则是一个商业寓言，讲述了一家虚构的公司在采用建议流程之后的转变。

## 12

Daniel Pink 的《内驱力》（*Drive*）一书很好地概括了关于此问题的研究。

## 13

在博组客，生产力被定义为归于社会保障体系的小时数与工作时间之比。博组客认为 60% 的比率是合理的。因此，如果一个团队的护士在每周 40 个小时的工作时间中平均有 24 个小时是有收入的（剩下的时间用于培训、团队会议、上下班通勤等），则博组客就拥有健康的财务状况。

14

若婴儿被带到课堂中也会出现类似效果。加拿大教育家Mary Gordon发起了一个项目，让母亲（或父亲）定期带着他们的宝宝去与一个班级共度一段时光。该项目的成果非常惊人，到目前为止，该项目已在加拿大、美国、英国、新西兰等地的数千间教室里进行。David Bornstein在《纽约时报》（*The New York Times*）上写道：

“性格暴躁的孩子露出微笑，调皮捣蛋的孩子开始集中注意力，害羞腼腆的孩子敞开心扉。婴儿似乎就像一块软化内心的磁铁……‘我们无法教授同理心，但是却可以让人领会同理心’，Gordon常常这样说——这不仅适用于孩子。‘从程序上讲，最令我惊讶的是，不仅儿童的同理心有所增长，教师的同理心也增长了，’她补充道，‘我认为这是极好的，因为教师对孩子有很大的影响力。’通过随机对照试验进行的科学研究表明，‘主动性攻击’和‘关系性攻击’行为都显著减少，其中前者指欺凌弱势儿童的欺凌者的蓄意和冷血攻击，后者则指说长道短、排斥他人和暗箭伤人之类的事情。”（David Bornstein，“在婴儿的帮助下与欺凌作斗争”，《纽约时报》，2010年11月8日）。

15

与会人数还受到了巴德基辛根（Bad Kissingen）最大会议室的尺寸的限制。200英里外的瓦尔德明兴（Waldmünchen）的员工们也会同时开会，幸好两方都有超大的视频会议显示器，两边的会议共同构成了一个会议。

16

效果太好以至于该公司即将改为两周进行一次——后来根本就没有那么多棘手的话题冒出来了。

17

一个资金紧缺的组织也可能会做预算，以便确保其支出和投资不会使其处于风险之中。这是同样的原则：如果预算能够为重要决策提供真正的指导，那么就去制定预算，但不要试图进行预测和控制。在此方面，博组客就是一个有趣的例子。博组客的团队并不需要做任何重大采购或投资，因此他们根本就不用为财务预算操心。但在整体层面上，博组客会对其预期现金流进行简单的预测，以便了解其可以新建多少个团队。由于新团队可能需要一年的时间才能实现收支平衡，同时考虑到博组客的快速增长，其希望确保不会因同时启用太多的新团队而破产。博组客的预算非常简单，只有一张纸而已。

18

Zobrist, Jean-François. La belle histoire de FAVI: L’entreprise qui croit que l’Homme est bon. Tome 1, Nos Belles Histoires. (Paris: Humanisme et Organisations, 2008), p. 38.

19

让我们继续用体温作为类比来进行更生动的说明。我们的身体既能适应很大范围的外界温度，也能适应有时可能会进行剧烈的身体活动，而在其他时间则可能会完全静止不动。那我们的身体是如何保持温度同时又不会过热呢？大脑中的下丘脑会不断监测体温，并迅速发出信号，调节温度进行降温（通过辐射、传导、对流和汗液蒸发）或升温（收缩血管以便减少热量流向皮肤、停止出汗；颤抖以便增加肌肉产热；分泌去甲肾上腺素、肾上腺素和甲状腺素以便增加产热）。如果我们试图像在组织中预防风险那样去控制体温，那可能会出现以下情况：我们都穿着加热到理想温度的太空服四处走动，同时还不能走得太快或太慢。我们最终也会拥有控制权，但代价是失去很多自由行动的空间。

现在，对于极少数风险极高，同时我们又无法足够快地进行自我纠正的情况，我们可能希望保持某种形式的预先控制。例如，我们采用了一个基于同事的预算流程，并且无须再获得执行委员会的“批准”。但是，当与银行签署大额支票时，维持一种机制，规定任何大额支票都必须由两人或更多人签字或由承担某种职责的人签字也许是有益的，这样可以减少一个无赖的傻瓜导致组织陷入危险之中的风险。

20

作为一位精明的组织生活观察者，Peter Koenig 谈到了这是一个作为“源”(source) 的角色，即那些与接连使命拥有一种亲密“信息渠道”的人。其观察结果表明每个组织都有一个主要的“源”，这一结果似乎得到了他所举办的数百个工作坊的证实。尽管数据太过稀缺而无法明确断言在自主管理组织中是否也是如此，但在我的印象中，似乎也是这种情况。

我们要避免任何误解（如果从平等—绿色的角度来阅读这些内容时，你可能已经要表示强烈抗议了）：这并非想要重新引入权力等级，而是承认可能天然存在一种分层次的机制。当 Jos de Blok、Zobrist 或 Chris Rufer 等人分享其对事态将如何发展的直觉时，其同事们往往会倾向于认真倾听，因为他们意识到这些人有能力感知和描绘未来的愿景。

Koenig 强调了作为“源”之人学习实现有创造性的由衷愿景，而非源于其个人自我的愿景的重要性。若能很好地做到这一点，同事们往往倾向于接受作为“源”之人的愿景，因为他们感觉这种愿景是真实和正确的。同样的原则也适用于诸多其他计划的创始人 / 源，这些计划已经实现了总体愿景的一部分。Koenig 认为，如果我们从某一自主管理组织成立之时起就随时制订各种内部计划，这些计划似乎会以某种明确的顺序开展，就像一棵树及其枝丫一样以一种自然的、富有创意的层次生长。

自主管理组织中创新之处在于“CEO/ 源”无法强行推行其愿景（其会利用建议来进行决策）。第二个不同之处在于：其他人会感到自己受邀以同样的方式去感知和表达。虽然创始人 / CEO 可能是特别强大和深受尊重的“源”，但每个人都知道其有权按照他们感受到的必要情况采取行动。

## 21

2013 年 3 月 14 日通过 Skype 与作者交谈。

## 22

这是由 Margaret J. Wheatley 和 Myron Kellner-Rogers 所著的一本书的书名，该书非常有诗意，而且在许多方面都很有预见性。该书出版于 1998 年，探讨了如果我们不再将组织视为机器，而是真正将其视为生物体，那么组织和工作可能会是什么样。Wheatley 和 Kellner-Rogers 的文章中提出了我在研究过程中发现的几乎所有见解，这足以证明隐喻的力量和作者的见解。

# 感恩

与自己喜欢并且其作品质量也令自己敬佩不已的人一起工作是一种乐趣。Etienne，与你的合作如此轻松自在，令人兴奋，我很少与人如此合作。每次看到你发送过来的一批新插图都会让我无比兴奋，因为我知道其中一些插图不仅会让我再次大吃一惊，还会用生动的神来之笔将复杂的思想活灵活现地展现出来。我多么希望自己也能拥有你的这种天赋！

Isabelle（Normand），感谢你建议我在书中加入一些插图并坚持认为我应该去了解 Etienne，他就是那个合适的人选。Cécile 和 Martin，我们的合作最终以疏远和悲伤的结果而告终，但我仍然感谢你们所做出的贡献，尤其是说服我不要采用最初为本书构想的方形格式。Véronique（Geubelle），在本书几乎准备就绪并且临时需要一名平面设计师的时候，你及时出现。你真是救星。Betsy（Goolsby），你如同老鹰一般敏锐的双眼发现了本书中的许多错误和错别字，甚至比我愿意承认的数量还要多。能与你共事是我的荣幸。与之前的合作一样，Lisa（Gill），感谢你帮助我开展 Indiegogo 众筹活动、收集对初稿的反馈，并在整个项目期间一直在后台伴我左右，你的存在始终让我感到非常愉快。

我还要感谢那些向他人提到和推荐《重塑组织》这本书的人。你们的口口相传帮助这本书有可能成为一本由作者自费出版的不起眼的书触及许多人的生活，同时还改变了无数的组织。另外，我还要向所有以某些方式发起或参与与本话题相关项目（有声读物、维基、聚会……）的人表示由衷的感谢。

我还要感谢那些花时间为本书的初稿提供反馈意见的人。你们帮助我更清楚地阐述了我的观点，避免了潜在的误解：Alexandre Vandermeersch、Alix R. K. Farquhar、Charlotte Steenbergen、Cuan Mulligan、Eric Reynolds、Frank Widmayer、Gage Harris、Gary Henderson、Geert Acke、Gertraud Wegst、Heleen S. Kuiper、Helge Koops、Ian Yates、Jean de Limé、Johannes Terwitte、Jon Freeman、Kevin Buck、Klas Orsvärn、Lisa Gill、Mihai Popa-Radu、Monika de Neef、Nora Ganescu、Philippe Honigman、Reto Diezi、Sascha Kubiak、Tobias Wann、Tom Goubert、Vicky Ferrier

和 Wannes Wilms。

我还想要回到最初，向开创性公司的创始人和员工脱帽致敬，这些公司构成了本书的基础。你们的远见和开拓进取正激励着世界各地的人们去想象一个不一样的未来。你们所做的一切一直都让我满怀敬畏。

我要感谢 Raphaël 和 Noémie 在编写《重塑组织》一书的过程中再三邀请我进入你们的游戏世界，将我从迫使试图完成本书的焦躁情绪中解救出来。另外也要谢谢 Hélène 让生活中的一切变得更加美好，包括写书的过程也是如此。我可以很欣慰地说，美好的事情还会变得更加美好。与你们同行是我的荣幸。

弗雷德里克

# 鸣谢

特别感谢帮助本书成为现实的所有人，感谢你们在众筹出版本书过程中给予的道义以及财政上的支持！感受到有一群读者对本书的支持和等待为我赋予了团队意识，并在我对写作和编辑感到枯燥乏味的日子里给我激励。

A. Scirocco
Adam Darmstadt
Adelaida Manolescu
Adrienne Hall
AJ Stern
Alan Cyment
Albiez Olivier
Alec Marechal
Alex Vandermeersch
Alexander Jaeger
Alexander Koschke
Alia Z. Aurami
Alison Phillips
Alix R. K. Farquhar
Allison Pollard
Alvito de Souza
Amanda Sterling
Amon Woulfe
Ana Chirila
Ana Moreno Romero
Andrea Kuhfuss
Andrea Pro
Andreas Schaffron
Andrew Whittle
Anette Wallström
Ang Yi Hong
Anika Sauermann
Anita Ho
Anita Sheehan
Ann M. Pollock
Anne Bacheley
Anne Dassesse
Annelie Beller
Annemarie Schlack
Annette Gueth
Antje Koch Mahari
Antoine Decloedt
Antonio di Stefano
Arthur Guillome
Astrid Engelen
Barbara Wenk
Barry L. Lipscomb
Bart Kapteijns
Bart Van Bouwel
Beatrice Meulders
Benjamin Ancheta Jr.
Benoit Brassart
Benoit Charlet
Bernd Ankenbrand
Bertrand Michotte
Bettina Hartmann Bender
Biliana Sirakova
Birte Witteveen
Black Birds Three
Brandon Bayer
Brian Leclerc
Britta Tondock
Bronwen Morgan
Bruce Peters
C. Deiner-Karr
C. Randoing
Camero Ottens
Carl G. Shea
Carsten Direske
Carsten Steiner
Catherine Fraser
Catrin Yazdani
Celine Schillinger
Chang Shu Hao
Charlène Goulinet
Charles Grimes
Charles McFarland
Charles-Emmanuel Van Hecke
Charlotte Steenbergen
Chris Grieve
Chris Kempen
Chris Nerdal
Chris Walzer
Christian De Neef
Christian Hannel
Christian Keller
Dr. Christian Kemper
Dr. Christoph Bollig
Christoph Liebsch
Christoph Schlachte
Dr. Christopher Scholtz
Christopher Baan
Cian O'Byrne
Claire Le Grice

Claudia Scheidemann
Colleen Jamison
Corrine G. Lapinsky
Cuan Mulligan
D. Brands
D. Neeteson
D. Nouwens-Vermeulen
D. van Lith
Dan Händevik
Daniel Bartel
Daniel Hagman
Daniel S. Lee
Daniela Ogi
Dario Salice
Dariusz Klupi
Darran Trute
David Bruehlmeier
David Coombe
David J. Pecotic
David Jenkins
David Shriver
David Stuart
Dawid Stepien
Deborah Boyar
Deborah Cornick
Deborah Maarek
Delphine Roigt
Den Twan
Denis Morsomme
Dennis Perrin
Desnoeck Van Eeckhoutte
Dianne Dickerson
Diebrecht Hellofs
Diego Cuadra Leiva
Diego Lainez
Dieter Dehaes
Dieter Stößel
Dillon T. Kearns
Dirk Mattys
Djon Lind Andersen
Dmitry Buterin
Dominik Brüenner
Dominique Gibert
Donald Gilbert
Doug Shaw
Duc Ha Duong
Dunia Reverter
Edward B. Yarrish
Edwin Jansen
Eeva-Liisa Vihinen
Elf Coaching
Emily Macht
Emma Pugh
Enoch J. Cruz
Eric Legrand
Eric Platon
Eric Reynolds
Eric Theunis
Eskil Teigen
Eva Maria Schielein
Fabrice Aguilar
Fernando Cordova H.
Filip Lowette
Florian Halmburger
Franck Pralas
Frank Calberg
Frank Widmayer
Frederik Denkens
Fredrik Wessling
Freek Van Looveren
Freya C. Lustie
G. Sadlo
G.A. Been
Gabi Maier-Güttler
Gabor Veszi
Gabriel Melchert
Gage Harris
Gary Groesbeck
Gary Henderson
Geert Acke
Geert Cloostermans Huwaert
Georg Meszaros
Georg Parlow
George Pór
Gertraud Wegst
Giampiero Bonifazi
Giovanni Quaratesi
Giulia Molinengo
Graham Boyd
Gudrun Vanderhaeghe
Guido Bosbach
H. van de Kraats
H. van Voorthuizen
Hani Boulos
Harry van der Velde
Heidi Gutekunst
Heidi Helfand
Heleen S. Kuiper
Helen Blässar
Helen Titchen Beeth
Helena Ruiz Fabra
Helge Koops
Howard Mason
Hugo Lopes
Ian Richardson
Ian Yates
Ilka Oevermann
Ina Gjikondi
Ivica Baraba
J. A. Thoms
J. David McGee
J. Kim Wright
J. L. Boniszewski
J. Nickel
J. W. Gruber
Jacek Wisniewski
James Denbow
Jan De Keyser
Jan-Paul Ouwerkerk

Janet Sanders
Jari Satka
Jasper De Rycker
JC de Jong
Jean de Limé
Jean-Claude Pierre
Jean-Paul Munsch
Jef Cumps
Joe Conte
Johan Magnusson
Johan Merckx
Johan Van den Bossche
Johan Verheven
Johann Entz-von Zerssen
John Allen
John O'Brien
Joke Oosters
Jon Freeman
Jonas Johnsson
Jonathan Schreiber
Jordan M. Allen
Jørgen Lauge Sørensen
Joris Swinkels
Josh Usher
Joshua F. Dzielak
Joshua Greene
Jot McNeill
Jozeph Leendert Minnaar
Juergen Schilling
Juha Usva
Julie Arts
Julie Boly
Justine Kenny
K. Gabriels
K. Gaynham
Kabir Kadre
Karen Van Garsse
Kathleen Jooris
Kathy Zirbser Zamba
Katia Van Belle
Katrien Rommens
Katrin Goecke
Kelley Harris
Ken Everett
Kevin Brunet
Kevin Buck
Kevin M.Ulug
Kim Oosvogels
Klas Orsvärn
Klaus Haasis
Koen Cuyckens
Koen De Herdt
Kristina Barisic
Kurt Specht
L. Kooistra
Langmar Peter
Leanne Libert
Liane Munro
Liberto Pereda
Linda Ford
Lisa Buddemeier
Lisa Clément
Lisa Gill
Lisbet Alfonso
Luke Madera
Luz Iglesias
Lynda Moe
Lyndon Rego
M. Scapens
M. Steeneveld
Malchus Kern
Manu Ganji
Mara Callaert
Marc Buckley
Marcel Altherr
Marcia Hyatt
Marco Jakob
Marcos H. N. Salles
Marcus A. Snyder
Marcus Pietrzak
Marcus Wermuth
Maria Begona Sampedro
Mariam Talakhadze
Marianne Urmes
Marie Peil
Marie-Pierre Le Cann
Mariël van der Linden
Mario Solana
Marita Schermer
Mark Kater
Markus Weigl
Martin Leitner
Mary Johnson
Maryse Lepage
Massimo Bau
Mate Szuecs
Mathias Weitbrecht
Mattias Hansson
Maureen McKenna
Maureen Van Overliw
Max Bindi
Max Blaauwbroek
Maya Shendelman
Meliha Dzirlo-Ayvaz
Michael Buergi
Michael J. Ross
Michael Paone
Michael Stern
Michael Tomoff
Michaela Schweitzer
Miet Vanhassel
Mihai Popa-Radu
Mike Munro Turner
Milton Georgo
Mireya Vargas
Monika de Neef
Nadine Nobile
Narayan D. C. Silva
Natalia Blagoeva
Neil Harris
Nial O'Reilly

Nic Woodthorpe-Wright
Nicola K. Kriesel
Nicolas Hennion
Niels Nijs
Nigel Pugh
Niklas Talling
Nikos Batsios
Nina Leonhard
Nora Ganescu
Ole Vilstrup Møller
Oliver Arnold
P. De Morree
P. Ola Jannhov
Paddy Baxter
Panu-Petteri Leppäniemi
Pascale De Pré
Patrick Van Der Voorn
Paul Baecher
Paul Buysens
Paul Deneyer
Paul-Georges Crismer
Paula Penttinen
Per Hallager
Perry Timms
Pete Holliday
Peter Burns
Peter Comrie
Peter Green
Peter Oskam
Peter van Hecke
Philippe Henrotaux
Philippe Honigman
Philippe Renggli
Philippine Linn
Pierre Houben
Prasanth Menon
Quentin Kushner
Rafael Altavini
Rain Öpik
Rainer Wett
Ralf Metz
Randy Schenkat
Raphaël Guilbert
Regina Byrne
Régis ROY
Reinoud van Oirschot
Renate van Der Veen
Rene Korenromp
Rense Roet
Richard Andrews
Richard D. Bartlett
Richard Geer
Rik Verbeemen
Robin B. van Dalen
Rodrigo Silva Ortuzar
Roland Sterk
Roman Hagmann
Roman Risken
Rosemie Vanwynsberghe
Ross Brandli
Ross Ferguson
Ruth Stoffel Kauflin
Ryan Unger
S. Unck
Sabine Haine
Sahar Asgharzadeh
Salvador Rodriguez
Samuel Troll
Sandra C. Kramer
Sara Cohen
Sarah C. Laughton
Sarah Clark
Sarah E. Cowley
Sascha Kubiak
Scott H. Sorvaag
Sebastian Dietz
Sébastien Piasco
Sergi Mora
Sergio Andreozzi
Shao-Chen
Sicco Maathuis
Silvia Seibert
Simon Berg
Simon Grossen
Simon Kranzer
Sinnay Sumac
Sivi Uitto
Stefan Faatz
Stefan Fischer
Stefan Groenendal
Steffen Grell
Stephane Dept
Stéphane Vuadens
Stéphane Witzmann
Stephen Starkey
Steve Thorp
Stuart J. Voaden
Stuart Whyte
Suchitra Davies-Webb
Susan Basterfield
Tacito V. Nobre
Tadhg MacCarthy
Taez Khan
Takeshi Yoshida
Tatiana Hendrix
The team of LastMason
Thea Carlson
Thibault Truyeb
Thierry Gauthron
Thierry Lepesant
Thomas Feichtinger
Thomas Perret
Thomas R. Christensen
Tiffanie J. Hunt-Mark
Tim Neugebauer
Tim Petricola
Tim Strasser
Tim Weinert

Timothy James Clark
Timothy L. Schsuter
Timothy Masson
Tobias Kuehnen
Tobias Wann
Tom Goubert
Tom Holt
Tom van Baarle
Tomé Ribeiro
Torben Lohmueller
Toria Thompson
Tory Gattis
Turid Mastenbroek
Ulrich Gerndt
Una Nicholson
Valerie Schlegel Stettler
Van Tran
Vasco Gaspar
Vellacott Thomas
Verena Hirschmann
Veronica M. Clifford
Veronique Janssens
Veronique Mino
Vicky Ferrier
Victoria Tiller
Vincent De Waele
Wannes Wilms
Wiebke Herding
Wim Focquet
Wolfgang Berger
Xiaohua Le
Yana Gebhardt
Yee Won Chong
Yeri Tiete
Yolande Demirian

reinventing organizations

## 关于艾蒂安·阿佩尔

有时感觉像是上辈子的事，但我确实记得我有15年时间担任各种“橙色”公司的管理顾问、经理以及经理的管理人员。但自2010年起，我一直致力于适当重要的工作，包括涂鸦、绘画和画插图。我出版了一些关于工作和工作场所主题的漫画小说等作品，并且经常为各种组织画图，通过更清晰的视觉方式展示其转型之旅。让我感到幸运的是，我终于找到了一种方式，可以让我的天赋和视角服务于那些在组织中力求采用更加光明、更具创意和更为鼓舞人心的方式的人。

## 关于弗雷德里克·莱卢

当我被邀请需要提供一份简历时，我发现自己陷入了困境。过去，我知道自己应该说些什么。我在麦肯锡工作了很多年。在开始撰写《重塑组织》以及开展其他项目之前，我作为培训师和引导师开办了自己的公司。在这一阶段，我过着相对简单的生活，很少旅行，很多时候都与我的爱人和两个小孩在一起。我不再制订长期计划，只是试着去感知（就像组织倾听其进化目标并开始思考其进化目标）在我脑海中萦绕的众多项目中哪一个最有实施的意义。但大多数情况下，我都会试着放慢脚步——我想要开展的项目太多了。但当我这么想的时候，我感到很生气，因为我没有时间去享受大自然或者一本好书。但是，当然，当我身处大自然，坐在静谧的森林中时，我情不自禁地就会想到我想要去探索的许多有趣的项目。

# 加入关于下一阶段组织的对话

《重塑组织》所传达的振奋人心的信息已经引起了全世界读者的共鸣。他们通过一次次的对话让本书成为了一种真正口口相传的现象。本书促使对话从如今的管理存在哪些问题转移到了管理存在哪些可能性上。本书激励着数以千计的组织——公司、非营利组织、学校和医院——从根本上采用更有力、更灵性和更富使命感的做法。

虽然引起了广泛的共鸣，但并不是每个人都有时间去读一本多达 570 页的管理书籍。这一图文并茂的版本传达了原著的主要思想，并以生动形象、趣味盎然的方式分享了许多真实的故事。若你发现自己很难放下并一口气读完了本书，不要感到惊讶。欢迎加入关于下一阶段组织的对话！

图字：01-2019-1056号

Reinventing Organizations: An Illustrated Invitation to Join the Conversation on Next-Stage Organizations
Copyright © 2016 by Frederic Laloux
Simplified Chinese edition copyright © 2019 People's Oriental Publishing & Media Co.,Ltd (Oriental Press)
All right reserved.

中文简体字版专有权属东方出版社

**图书在版编目（CIP）数据**

重塑组织：插画精简版 /（比）弗雷德里克·莱卢（Frederic Laloux）著；（法）艾蒂安·阿佩特（Etienne Appert）绘；陈颖坚，薛阳译 .—北京：东方出版社，2019.10
书名原文：Reinventing Organizations: An Illustrated Invitation to Join the Conversation on Next–Stage Organizations
ISBN 978–7–5207–1064–0

Ⅰ.①重… Ⅱ.①弗… ②艾… ③陈… ④薛… Ⅲ.①组织管理学 Ⅳ.① C936

中国版本图书馆 CIP 数据核字（2019）第 118773 号

**重塑组织：插画精简版**
（CHONGSU ZUZHI: CHAHUA JINGJIANBAN）

作　　者：［比］弗雷德里克·莱卢
绘　　者：［法］艾蒂安·阿佩特
译　　者：陈颖坚　薛　阳
责任编辑：申　浩
出　　版：东方出版社
发　　行：人民东方出版传媒有限公司
地　　址：北京市东城区朝阳门内大街 166 号
邮　　编：100010
印　　刷：北京联兴盛业印刷股份有限公司
版　　次：2019 年 10 月第 1 版
印　　次：2025 年 5 月第 5 次印刷
开　　本：880 毫米 ×1230 毫米　1/32
印　　张：7.125
字　　数：120 千字
书　　号：ISBN 978–7–5207–1064–0
定　　价：68.00 元
发行电话：（010）85924663　85924644　85924641

**版权所有，违者必究**
**如有印装质量问题，我社负责调换，请拨打电话：（010）85924602　85924603**